あの営業マンが選ば
れる「本当の理由」

顾客为什么选你

［日］一户敏◎著

郑成博◎译

古吴轩出版社

图书在版编目（CIP）数据

顾客为什么选你 / （日）一户敏著 ；郑成博译. --
苏州 ：古吴轩出版社，2021.11
　　ISBN 978-7-5546-1805-9

Ⅰ．①顾… Ⅱ．①一… ②郑… Ⅲ．①销售－方法
Ⅳ．①F713.3

中国版本图书馆CIP数据核字（2021）第178287号

Ano eigyomanga erabareru 'honto no riyu'
Copyright © Satoshi Ichinohe 一户敏 2019
Originally published in Japan by Nippon Jitsugyo Publishing Co., Ltd.
Simplified Chinese edition published by Beijing Bamboo Stone Culture Communication Co.,Ltd.
Through Beijing Tongzhou Culture Co.,Ltd.（E-mail:tzcopyright@163.com）

责任编辑：顾　熙
策　　划：杨莹莹
特约编辑：闫　静
内文排版：林　兰
装帧设计：木子鲜

书　　名：顾客为什么选你
著　　者：[日]一户敏
译　　者：郑成博
出版发行：古吴轩出版社
　　　　　　地址：苏州市八达街118号苏州新闻大厦30F　　邮编：215123
　　　　　　电话：0512-65233679　　　　　　　　　传真：0512-65220750
出 版 人：尹剑峰
印　　刷：唐山市铭诚印刷有限公司
开　　本：880×1230　　1/32
印　　张：6.5
字　　数：94千字
版　　次：2021年11月第1版　　第1次印刷
书　　号：ISBN 978-7-5546-1805-9
著作合同登 记 号：图字10-2021-468号
定　　价：42.00元

如有印装质量问题，请与印刷厂联系。022-69236860

没有哪个人天生不适合做销售。

这是我的信条。会卖东西的销售，绝不是天生的销售天才，抑或是撞大运。

虽然我现在作为经营者，同时经营着好几家公司。但是，我在28岁开始当保险代理人时，还是零经验，仅仅是一个什么成绩也没有的销售。

可就是这样一个普通的人，仅仅一年之后，就在某企业损保（损害保险）公司的年会上受到了表彰。之后，又成了日本史上最年轻，且最快进入顶级保险代理门店的人。而且这时我也在运作人寿保险，两种保险都取得了非常好的业绩，成为"人寿·损害双冠王"。此外，我还被MDRT（百万圆桌会议）授予终身会员的称号。

能取得这样的成绩，既非因为我是天才，也非因为我撞了大运，而是因为我会为了客户的课题而不断地努力。所以，我希望那些因为一直出不了成绩而担忧的销售人员能够知道，我们每个人都能成为优秀的销售；同时也希望自己能够向大家传达一些心得。这就是我写这本书的目的。

还有一件事我想要在本书中告诉大家：销售是一种社会贡献度极高，非常有意思的工作。

身为一名经营者，在公司经营的过程中，管理间接部门①的重要性，我一直能够体会到，所以我经常思考怎样才能让这些部门变得更加完善与充实。但是，无论管理间接部门有多完善，人员有多优秀，如果没有业绩与利润，公司迟早会运营不下去。

---

① 在日本，行政职能部门被称为"管理间接部门"，指的是相对生产部门的所有行政职能部门。——译者注

因而，公司绝对需要一些能让业绩持续提升的人，也就是销售。这些销售应是能让业绩持续提升，以及思考提升业绩方法的人。如果他们没有相应的思想、技术，以及经验，公司恐怕是要破产的。

首先，销售担负着一家公司生存与发展的责任。然后，销售要解决关于客户的课题，是一项极其有意思的工作。从这两种意义上来说，销售是一项崇高的工作。所以，我想让大家心怀自信又足够低调，为了销售事业而尽自己的努力。

图书市场上有很多关于销售的书，有些人在事业上陷入了瓶颈，总会去书店里寻找一些类似的书籍。我到现在读过的销售类书籍已经超过了100本，从书中学到并实践的知识有很多。

我个人感觉，帮助立志成为销售精英的书籍，实际上是找不到的。一些学者、研究人员、顾问等写出的介绍科学销售方法的书还是很有用的，我们需要利用这些书籍进行学习。

不过，我们还需要在销售现场进行实践。一些人总想在实际的销售活动中改善自己的行动和业绩，然后买了一些销售前辈（他们通常被称为"销售天才"）所写的书籍。他们在读完后一周的时间里，确实自信满满，行动上也有变化。但是，要模仿这些个人色彩很强的做法还是很难的，结果还是没有什么用。

而本书的内容是任何人都可以实践的。Part1主要介绍为了获取客户的信任，我们应该怎样做；Part2介绍了为了提升销售技巧，我们每天应该付出怎样的努力。本书最后分享了一些我个人认为很重要的思想和行动，来帮助大家成为被选中的销售。

想要成为销售精英，成为被客户选中的销售，我们必须要掌握多方面的技能。商品知识、周边知识、业界动向、公司内外的环境、市场……在这些数不清的需要储备的知识里，我将针对如何进行自身的思考与行动管理，从多方面展开阐述。因为我个人认为对于一个销售来说，这种内驱力是最重要的。简单地说，就是做自己应该做的事，提升自身管理能力，作为一个人去认真地生活。只要能做到这些，谁都可以成为一个优秀的销售。

　　一个销售人员，在成为销售之前，首先要成为一个"人"。

　　人这个角色要是当不好，做销售也不会有什么成果。或许我们认为这是理所应当的，但是这本书想要表达的就是做自己应该做的事。我希望大家能作为一个人去实践自身的思考与行动管理，并且我期待着，能够同时作为一个人和一个销售人员来行动的人才可以越来越多。

目录

Part 1　如何处理与客户的关系

Part 2　如何提升自己的业绩

Part 1

如何处理与客户的关系

同样的价格，客户会买谁的东西

如果我现在仍然是一名销售的话……

已经从业20多年的我，依然不时地会有这样的想法：当销售真开心啊！这是我的真实感想。

经营者所拥有的乐趣，与销售是完全不同的。经营者的责任更大，要和超过300名员工一起，每天为了公司的成长而努力，这种体验，是我在做销售时从来没有体会过的。

不过，我还是不断地回想起之前做销售的经历。（当然，现在也依然有一些想要直接与我接触的客户。）之前那种为客户提供帮助的感觉，我是不会忘的。

　　其实，除我之外，还有很多销售，但是客户没有选择其他人，而是选择了我，这就会有一种被人信赖的充实感，也会有一种被人选择的喜悦感。

　　对于客户来说，最重要的就是购买商品与服务时的满足感。

　　人们都是为了这种满足感而花钱，所以，如果能得到这种感觉，选哪个销售都是一样的。况且，无论从哪个销售手里购买，价格都是一样的。只要是不讨厌某位销售人员，当客户决定购买时，总会选择那些经常向自己推荐所需商品或服务的人。

　　但是，还是有很多客户选择了我。他们接触了很多销售，但最终还是没有信任别人。

　　那么，被选中的销售，和那些没被选中的，到底有什么区别呢？

　　我在做保险推销员后不久，就得到了一个思考这个问题的机会。那就是刚开始我并没有被选中。

　　那个时候，客户对我说："你可别再来了！"这对我就是一种驱逐。回头再想想这件事，我意识到自己遭到了强烈的拒绝，但是也正是从这时开始，我开始深刻思考，为什么自己没有被客户选中。详细的经过我会在后面跟大家讲。

我初次进入保险行业，在某保险公司工作是在28岁的时候。那时的我完全是一个"小白"，行业规则之类的完全不懂，但我知道，没有客户的话，我什么也做不了。

刚开始的时候，我就跟着别人做业务，自己模仿，在访问第二家小型建筑公司的时候，该公司的社长把我轰走了。

暂且不论其理由，这种被人驱赶、被人讨厌的经历，之前我还从来没有过。但是基于我人生这第一次的屈辱，我发誓一定要再次努力，尽快调整自己的心态。

然而这样的经历或许是太特殊，即使我想忘，也一直在我脑海里挥之不去。就算是我的突然到访让那位社长感到了厌烦，那也没有必要说那么多难听的话啊！

虽然我心里有很多不满，但几天后我又一次去了那家建筑公司。

这次，那位社长跟我道了歉，然后我也知道了，为什么他会对我恶语相向。

社长先是对我说："你也要换位思考一下啊！"然后，他拿出了三本宣传册。

"那天，你又带来了第四本。"

我看了一下宣传册，那个就是那天我想要给社长的保险公司资料。

"不想要的东西一天被人推荐了四回，任谁都会跟你急。"

听了社长说的话，我感觉到了一丝羞愧，也因此意识到，我当时只考虑到了自己的事情。心里只有销售业绩的销售，不会被任何人信任。

从那以后，我就开始严格管控自己的言行，但凡是会给客户造成困难和负担的事情，我绝对不会去做。

此外，我也一直在思考，怎样才能成为一个被客户信任的销售人员。

　　大家想一下，如果你是客户，你会选择哪种销售？

> **只考虑自己的销售，客户肯定不信任。**

被选中的销售都会遵守四个原则

假设，一个业绩优秀的销售，一个业绩一般的销售，以及一个业绩很差的销售同时造访你家，你会选谁？

大多数人都会选择业绩优秀的销售吧。良好的业绩就是被客户信任的证明。同样，大多数人也认为，另外两个人不受到客户支持，一定是有理由的。这样一来，优秀的销售会越来越受人欢迎，与其他销售的差距一下子就拉大了。这是一种无情的现实。

但是，无论一个人业绩有多差，如果能改变自己的思考方式和行动方式，他也会成为一个被客户选中的销售。秘诀我可以告诉大家。

被客户选中的销售都是些什么样的人呢？答案很简单，就是对客户有帮助的人。

"跟这个人相处，肯定有好处。"

如果能让客户这么想，那么你肯定能被客户选中。怎样才能让客户觉得你对他们有帮助呢？

由于工作上的关系，经常会有客户问我："我想买车，你知道去哪里买比较好吗？""我想盖个新房子，我该去拜托谁呢？"甚至还有人问过我："我想离婚，你是否认识比较好的律师？"我恰好有一些人脉和信息，可以满足他们的期待。这样一来，客户肯定就会觉得我这个人很有用。

当他人有事相求的时候，你就接受了别人的测试，看看自己是否是一个有用的人。

从这个角度来说，客户问你问题是一个机会。而这时你要是能满足客户的期待，你就会获得绝对的信任。而我在面对客户的求助时，总会力求做出一个超越客户期待的贡献。

可是，并不是每个销售都会从客户那里得到这样的机会。如果一开始客户就不看好你，那么他对你也不会有什么期待。而有些销售，客户看到他马上就觉得"这个人应该不错"，并且会主动和他交流。这种销售到底是什么样的呢？

我认为，好的销售应该遵守一些原则，我列出了以下四条。

第一条是守时。

守时对于销售，乃至社会上的任何工作者来说，都是理所当然的。但是，有多少人能保证，自己决不会比约定的时间晚哪怕1分钟呢？

比如，可能因为电车晚点，导致我们比和客户约定的时间晚到了10分钟。这时我们主动联系客户，说明原因，大多数客户是可以理解的。但是，他们心里还是会很失望。要是我们以提前1小时到达为目标尽早出发的话，肯定是不会迟到的。

关于时间的话题，我会在后面再次叙述。至于我，无论自己有多忙，都会争取提前20分钟到达。

第二条是遵守和他人的约定。

很多人可能会想："这个原则当然要遵守了。"可是，我觉得，能从头到尾完美遵守约定的人肯定不多。

"这次一起去吃饭吧。"

这样的社交性话语听上去可能比较随意，但我们要认识到，这就是和他人的一个约定。有人觉得这种事情没必要较真，但是对我来说，这种小约定也很重要。你的客户也许会忘记这些无意的约定，但当你把这些约定都实现的时候，他们会对你产生莫大的好感。

这不仅限于客户与销售之间的关系，人和人之间的信赖关系都是在不断遵守约定的过程中形成的。所以，我们一定要注意，平时不要随随便便地做出约定。

第三条是遵守与自己的约定。

这个看似不太好理解，但它说的其实就是"自己决定的事情一定要完成"。客户通常会信任这样的销售。"自律的人一定没有错"，人们总会有这样的评价。

比如，我在过去20年的工作生活里，每天早上都是六点半起床去公司，开始一天的工作。由此，很多客户对我的看法也改变了。因为我是一个对自己严格要求的人，所以经常有人会给我较高的评价。

与和他人的约定不同，自己决定的事，即便是做不到，人们也不会感觉有什么不妥。人们会认为，做不到也没有什么，但是我认为，为了不让别人产生偏见，自己也要遵守自己的意志。而无法遵守与自己的约定的销售，不仅不会得到客户的信赖，也可能因此得不到卓越的成绩。

第四条是遵守社会的规则。

除了法律之外，作为一个有良知的公民，我们还有很多需要遵守的规则和礼节。但是，能够100%遵守这些的人，几乎没有。

近来，随手乱扔烟头的人的确是少了，可依然存在；在没有汽车的情况下，闯红灯的人也有不少。不仅仅是法律，包含问候和身边整理活动等各种礼节在内，很多人虽然不是故意的，但仍然违背了社会规则。

　　遵守社会规则和遵守与自己的约定差不多，即便无法遵守，也不一定会造成什么危害，于是人们总是不以为意。当然，还是有些人，能够认真地遵守这些规则，对于这样的人，我由衷表示敬佩。而且，我相信，这样的敬佩不只存在于我的心里，每个人都会有。

　　我列举的这四点，虽然都是一些常识，但容易被人忽视。可是，你的一举一动，客户们都看在眼里，他们只会信赖那些做自己应该做的事的销售。

> 　　自己决定的事情不要放弃，做自己应该做的事，这样才会被客户信赖。

以他人为中心来做事

　　虽然我有很多的销售经验，但当我站在客户的立场时，也要观察并思考一下，他们是怎样应对销售的。我发现，不受客户信任的销售，一般都是以自己为中心做事的人。

　　比如，如果我想买台电视，我就会去家电卖场。面对一排一排的电视，我会选一台自己感觉比较合适的，并在这台电视前驻足。这个时候，一些销售人员就会走上前来，开始跟我详细讲解这个商品的功能。当然，售货员的讲解肯定是在帮助我们了解商品，但可惜的是，我并不想听他们说。因为他们都是以自己为中心进行讲解的。

如果我是售货员，我不会上来就介绍电视的功能，而是先了解一下客户想买什么样的电视，想把电视放在客厅，还是卧室，房间有多大面积，家里有没有老人或小孩，等等。

要是不了解这些事情，我们就不会知道客户到底想买什么样的电视。很多人会抛开这一点，滔滔不绝地讲这台电视有多么好，殊不知，他说的这些东西，跟客户一点关系都没有。我们应该把客户的需求放在第一位。所以说，刚才我说的那个售货员，一直在以自己为中心办事。

每一个客户都有自己的需求，而销售人员的工作，就是尽可能快速、准确地探究客户的心思。为了实现这一点，以他人为中心进行思考是必需的。我们不光要考虑自己，也要考虑他人，了解这一点，就没有什么问题了。

不过，这里也会隐藏着一些棘手的问题。那就是，有些客户自己也不确定，自己到底想要什么。

大家可以回想一下，能够清楚地知道自己想要什么的人，还是比较少的。通常，人们想要买某个东西的时候，表述都很含糊。首先收集一些与商品相关的信息，设定预算，然后根据自身实际情况仔细斟酌，在这个过程中，最终的想法才能渐渐形成。

举个例子，一个人突然想去夏威夷旅游。只要去了夏威夷，这个愿望就满足了，但实际上真的是这样吗？要是想去某个海外度假胜地，帕劳共和国或许更能满足自己的需求；想要体验一下非日常乐趣的话，迪士尼乐园可能更合适；或许，自己想去的地方根本不是夏威夷，而是想在酒店里，享受一顿豪华晚餐。

如果你问一个销售人员：为什么这么多的商品，你一定要推荐商品A？很多人会回答："因为客户说想要这个。"然而，这样的话，销售就和自动售卖机没什么区别了。即便是顾客说想要某样东西，也并不能反映他们的真实需求。其实，有很多客户并不知道自己到底需要什么。

这个时候，销售人员就要发挥作用了。面对客户的犹豫与含糊，我们必须要对他们的想法进行整理，排列出一个优先顺序。要做到这件事，就必须以他人为中心，收集他们的信息，引导他们说出自己想要的商品。做到这些，客户就会觉得："这个销售似乎很了解我。"当他们感到被理解的时候，自然就会信任你，而你也会成为被选中的销售。

客户本人也未必了解自己的需求，所以我们要去帮他们发现。

用言语表达感谢是必须的

在进入保险行业之前，我曾经在我父亲开的便利店里工作过。尽管我有这样的兼职经验，但是便利店的工作是程序化的。基于这样的程序化，每个人都可以达到一定的水平，然而这只是一份没有任何生机与交流的工作。

当时，店里每天的顾客人数大概是1200人，从早上工作到晚上，我大约要接待500到600名顾客。"欢迎光临""一共是××日元""谢谢惠顾"之类的话，我要一直重复，两三天下来，我一度以为，自己成了一台迎客机器人。

身为接待者，一旦变成这个样子，顾客们也会变得像一台机器人。进而，顾客与店员之间，不仅没有语言交流，而且连动作和表情都看不到，完全成了一种单纯的金钱与商品的交换作业。

我绝不是否定这种模式。程序化的工作可以让不会工作的人得到一份职业，并且还可以缩短顾客的购物时间，也是一种很大的贡献。但当时的我感觉这样很无聊，以至于有段时间，我给自己设定了一个"今天要让50名顾客对我说'谢谢'"的小目标，进行收银工作。也就是说，要是大约有十分之一的顾客对我表达了感谢，我就会感到特别充实。

对于刚刚从大学退学的我来说，也确实干不了什么大事。当有一个身穿工作服的顾客来买饭团的时候，如果他的手很脏，我会带他去洗手间。多数时候，我就做这种程度的工作。有时，一些小孩拿着零花钱来店里买东西，结完账后，我会给他一张小卡片，上面写着"谢谢惠顾"，孩子的母亲看到后感到很高兴。

当然，有些顾客不会表现出我期待的反应。即便如此，我的小目标最后还是完成了。虽然这并不会带来什么改变，但是听到别人对我说"谢谢"，我还是很高兴。为了再次体验这种喜悦，我会把我的目标不断提高。这种经历，直到今天还在带给我不一样的感觉。

为什么在便利店里，我们听不到太多的"谢谢"呢？

"谢谢"说出口之后，听者开心，言者也愉悦。而客户与销售人员之间，是一种互相感谢的关系，这与店员与顾客之间的关系不同。店员与顾客是一方不断地给予另一方，而在客户与销售之间，感谢的表达次数是平衡的。

不过，要是听不到别人说"谢谢"，自己总会感觉有点失落。

其中一个原因，可能是一些人会有一种羞耻感。比如，我们最应该感谢的人大多应是我们的父母或配偶，但是由于所谓的羞耻感，很多人都不太敢于表达出来。同理，有些人虽然与自己并非亲属关系，但还是有不少人不敢说出"谢谢"。而且，现实中，很多人可能会觉得，某个销售为自己做点事情是应该的。

其实，我们都想表达自己的感激之情，但是这种情绪最后总会被我们无意识地压制下去。人们的感谢无法表达出来，这多少有点可惜。

在表达感谢的时候，有些人或许觉得这有些不值当，但我还是希望大家能有这种必要的言语和态度。当需要感谢他人时，自己一定要说出来。销售人员也要时常表达自己的感激之情。

被选中的销售，都拥有一颗感恩的心。

对客户负责

有一个关于女性收银员的故事，故事的主人公是一位从其他地方来到东京的女性，她工作一直不稳定，数次更换工作，最后在一家超市当了一个收银员。但是，这种单调的工作，她实在是不喜欢，因而再次有了挫败感。

有一天，她无意间翻出了一本以前的日记，她在日记里写道："我想成为一名钢琴家。"练习钢琴，是她唯一能够长久坚持的一件事，想到这里，她开始思考，自己或许不看键盘就可以操作那些收款机。

没过多久，她的盲打技术就十分成熟了，她可以一边收钱一边观察顾客们的神态，以此了解他们的特征。有一次，她看到一位高龄女性顾客买了一条很贵的鲷鱼，而这位女士之前只会在有促销活动的时候前来消费。她忍不住问了一句，得知这位女士刚刚有了孙子，于是她毫不犹豫地向这位顾客道喜，俩人自此关系变得密切。

同时，她也与其他的顾客保持着言语的交流，由此，她变得忙碌起来，这是之前从来没有过的。虽然店里的广播一直在说："请大家到空闲的收银台去结账。"可是她发现，自己面前一直排着长队。店长也经常劝顾客们到其他收银台去付钱，可人们却这样对他说：

"我来这家店不是因为喜欢这里，而是因为我想和这个人聊一聊。所以，我不想去其他收银台结账。"

听到这话，那位女子不禁流泪，这是她头一回感受到工作的乐趣。

故事大概就是这样。这个故事在网上流传，也有可能是某个人编造的。不过，这个故事可以启发大家，让大家明白，工作到底是什么，以及为了成为受人信任的销售，我们需要做些什么。

具体来说，某位顾客在超市买肉的时候，装肉的袋子里有一小块异物。收银员可以装作没看见，直接去扫条形码，即便出了什么问题也不会去追究收银员的责任。但是，让顾客稍等一会，自己去肉类售卖区，再拿一个新的袋子，这种做法显然更加正确。发现连客户都发现不了的小瑕疵，这才叫专业。

客户选中的销售，无一例外都是对客户负责的人。这一点体现得最明显的就是保险行业。

不久之前，我遇到过这样一件事。

在我创业的这20多年里，接触过很多客户，其中有一位A先生，他经营着一家有100多位员工的公司。有一次，我们在交谈时无意间聊到了公司经营的话题，他很罕见地表现出了一些焦虑。A先生到现在也没有继任者，也不知是否该将这份事业继续下去，因而他一直很迷茫。

在对A先生的家庭情况，妻子的性格，在其他公司工作的儿子，以及公司的业绩和行业的趋势进行了了解之后，我劝他把公司卖掉。

　　"出售公司是最合适的方法了。而且，你现在的资金已经足够应付你未来的生活了。所以，为了员工和客户，你需要找到可以继承公司的人。"

　　在我提出这样的建议之后，A先生立马就认同了，而且，与资产管理相关的一切事情，他都全权交给了我。

　　"你这么相信我吗？"

　　"要是被骗，与其被很多人联合起来欺骗，倒不如被你一个人骗来得幸运。"

　　A先生笑着如是说。

　　对于很多的经营者来说，公司就是另一个自己。况且，A先生的公司几乎就是他生活的全部。欧美盛行的M & A（Mergers and Acquisitions，企业并购），在日本是基本不存在的，因而出售公司这种做法几乎成了经营者中的异类。

　　或许一开始，A先生没有把出售公司当作自己的选项之一，但他还是综合各方面，勇敢地下定了决心。我的建议，既是对客户负责，也是对自己负责。

从某种意义上来说，保险行业的销售，担负着客户未来的人生，这在其他行业可能是一句很夸张的话，但在保险行业就是这样的。至少，我在工作中坚信着这一点。而且，我认为这样的认识是没有错的。我们保险销售员，就是高尔夫球场里的球童，帮助客户一点一点地接近18号洞。要是没有这样的觉悟，就不会成为一个被客户选中的销售。

客户总会选择能够意识到责任的重要性的销售人员。

不要对客户一味地盲从

　　前面一节我已经告诉大家，销售人员要对客户负责。我们就像高尔夫球场里的球童一样，帮助客户完成他们的比赛。不过我还是要强调一下，这绝不是要我们对客户唯唯诺诺，唯命是从。

　　对客户负责也意味着，万一他们在某件事情上出了错误，我们要鼓起勇气指出，并引领他们走向正确的道路。

　　由于工作的关系，我接触过很多社会地位很高、经济实力很强的客户，可是对于某些职业，我会有意识地回避。根据职业决定是否要打交道，有人可能会觉得这样很无厘头，但这样做是有理由的。因为之前，我遇到了一个客户，他的态度让我难以忍受。

那个人是一个被各大媒体报道的业界名人，我们约好在当天的下午一点见面，可是到了约定时间，我却没见到他。直到两个小时以后，他才出现在我面前。

而且，当他坐下以后，又问了我一句："今天咱们要干什么来着？"那时我真的很生气。其实，那一天，我和一位医生约好要一起去做关于人寿保险的审查，因为他的迟到，我肯定是赶不上了，于是就让那位医生先回去。对我个人来说，这的确没有什么关系，但是这样一来，那位医生就很尴尬了。所以我就跟那个人说："您来得这么晚，怎么一点道歉的意思都没有？"

结果他却说："区区一个销售，在这说什么呢？"态度非常傲慢，丝毫没有道歉的打算。在他之后，我也遇到过一些态度极差的客户。从那时起，对于来买保险的人，但凡是觉得保险行业好干的，我都会避而远之。

对于保险销售人员来说，经济实力较强的富裕阶层都是自己的大客户。就算他们的态度很不招自己喜欢，只要能和自己签合同，迟到两个小时也无所谓。但是我觉得，那样的客户，就算不找你，也不是什么损失。对于那种迟到两个小时，还不愿意道歉的人，我也没有为他负责的自信。

不用说大家也知道，有客户才会有销售。销售只有在被客户选择时才会存在。但是，销售也不是客户的仆人。我们与客户之间不是上下级关系，更不是主仆关系，而是一对互惠互利的合作伙伴。不了解这一点，只会用自己的经济优势打压销售人员的客户，是不值得我们去服务的。

尤其是在保险行业里，我们更要注意，很多人从来不会拒绝客户的要求，甚至在明知其要求是违法的情况下，还要去满足。当然，前面说的迟到肯定不是违法，但是对于时间和金钱观念不强，且不以为耻反以为荣的客户，我们也需要警惕。

指出客户的错误，可能会让我们签约失败。即便是过了签约这一关，我们与客户的关系也有可能僵化，最终让我们失去客户。

　　即便如此，我对客户也从来没有盲从过。我这样做并不是出于什么正义感或伦理观，只是，我不希望在自己的子女面前抬不起头来。有些人或许会因此觉得，都这么大岁数了，还这么幼稚。可是，我们作为销售，这样的意志还是要有的。

　　一味地阿谀奉承的销售，只会得到短期的信任。而愿意将是非黑白贯彻到底的人，才是一个值得客户长期信赖的销售。

> 　　分得清是非对错，才会被客户选择，所以我们要鼓起勇气纠正他们的错误。

穿着和举止要考虑客户的立场

　　在重要的日子系上红色的决胜领带，因为迷信选择自己的幸运颜色，为了与人相处的工作而尽可能让自己显得时尚，这样的工作者我们很常见。

　　至于我，我是尽量不会系藏青色的领带。这种颜色很接近黑色，看上去有点阴森，所以我平时都是扎亮蓝色系的领带。

　　大家或许都一样，无论是服装，还是发型、手表、挎包，以及体形和姿势等，我们都很在乎别人的看法。很多人都在思考自己应该怎么打扮，而很少有人去考虑别人怎么看。

但是，那些业绩斐然的销售，绝大多数想的都是别人怎么看。这就是说，他们在思考时的时候，是以客户的看法为中心。而怎么打扮，则是以自己为中心。

无论什么时候，我们都会看到一些年轻的销售，顶着大太阳，西装革履地去了某个建筑公司，弄得自己满头大汗。你问他为什么要这样，他会骄傲地说，虽然客户也劝他解下领带，不过他觉得形象是第一位的，然后就这样一直忍耐着。我听了他的事之后，立马说他太蠢了。

正如他所说，形象很重要。虽然天很热，但基于个人的一些理由，这种爱美之心也不是不能理解。只是，这也要分时间与场合。

客户见你汗流不止，劝你解下领带的时候，你就不要打扮得那么正式了。一些公司，除了社长，所有的员工都穿着工作服，这个时候，销售最好不要打领带。那些代表着精英和白领人士的西装领带，是他们最讨厌的东西。

当然，那个时候，销售肯定没把自己当作什么精英、白领。但是，如果他能考虑一下别人怎么看，或许就能想到，这样的打扮可能会招致一些误会。

销售人员应该认真注意客户对自己的看法。有时你需要带一块金色的手表，有时你需要系一条时尚的黑色腰带，有时你需要带一个正式的文件夹，有时你要带一个手提公文包。客户到底会怎么看待你，还请大家认真思考。

无论怎样，不整洁、不讲卫生的销售，是不会受人青睐的。所以，我们需要站在对方的立场上，考虑自己的穿着和举止。

以他人为中心来思考，想想别人对自己的看法。

避免被客户折腾

　　同时处理人寿保险和损害保险的话，时间上的分配就会变得不规律。而销售人员的重要工作之一，就是帮助客户解决一些连他们本人都不曾想到的意外状况。

　　现在的损保公司都有了网络客服和24小时免费咨询电话，但我在保险行业工作的时候，可没有那么多便利的设备。哪怕是在深夜，只要出现突发情况，我就必须用便携电话通知我的客户。虽然他们之前还说过："请随时给我打电话。"然而接到深夜电话时却说："我睡觉呢，回头再说吧！"不过他们能接我的电话，我已经很开心了。

　　交通事故是客户们遇到的非常严重的突发情况，他们不会找别人帮忙，而是只来找我。实际上，那些找我帮忙处理事故的客户，与我的联系从来就没有断过。

话虽如此，但当我对接的客户变多时，我也有点处理不过来。当我的客户增加到1000人的时候，我就会觉得，这样是不可能处理好的。

到现在我还记得，那个时候我早上六点半就起床去公司，处理一些杂务，然后九点去跑外勤，一天要跑七八个地方。到晚上，我回到公司处理一下收到的钱，准备第二天客户要用的报价表，等等。很多工作都需要处理，等我忙完，基本上就到凌晨一点了。因为当时自己的经验和知识还很贫乏，所以我并没有觉得这样很苦，反而觉得，晚上的时间用来睡觉也是一种浪费。

可是，当客户增加到1000人的时候，我肯定就没有时间处理意外状况了。即便如此，事故该来的还是会来。有好几次，我连着几天没怎么睡觉，一种恐怖的感觉袭来，觉得自己再这样下去可能要被累死。由此我也意识到，我被客户折腾了。

现在想想，那段时间才是我的一个危险时期。我只顾着满足客户的要求，却忽略了自己的存在。

但凡有业绩的销售，与客户之间的关系总会有一些很清晰的转变。这种感觉，大概就是立场的交换。主导权会从客户那里转移到自己的手里，就好像体育比赛里的攻守转换一样。客观来讲，这也可以说明，为什么我遇到的很多客户都愿意作为一个普通人来与我相处。

不管怎样，客户与销售之间的权利平衡被破坏之后，我们要在这个状态的基础上，再创造一个新的相对权利平衡。能做到这一点，我们就可以主导我们与客户之间的约定，制订计划时也会变得轻松，自然也就不会被客户来回折腾了。

大家当然也明白，这样的销售，仅仅占一部分。要是没有专业的知识，没有他人无法企及的人脉，以及没有别人替代不了的特征，客户是不会选中你的。

除了这些，还有一个要素，我希望大家能够记住，那就是销售的社会地位。

　　现在的销售，社会地位都不怎么高，或许我们不愿承认，但这就是现实。而且，我必须要说，在保险业，销售的地位更低。无论一个销售多么优秀，多么能挣钱，在别人看来，他永远只是一个业务员。

　　改变这种状况，是我的夙愿。我一直相信，在保险销售人员的世界里，他们的社会地位也有着相应的意义与价值。

> 　　把客户主导变成自己主导，被选中的销售都能做到这一点。

接受客户的价值观

我们常说两个人要合得来，但人是一种奇妙的生物，明明两个人的年龄、工作、背景都不相同，却能够意气相投；相反，两个人有很多共同点，却互相说不上话。这就是所谓的性格是否相合的问题。

不过，我们时常也会见到与任何人都能和谐相处的人。可以说是人人都喜欢他们，即便是偶尔恶作剧，开个玩笑，也不会有人介意。这样的人从来不会与任何人对立或产生冲突。

这就是我心目中的理想销售。但我本身是一个守备范围和容许范围比较小的人。而且我很清楚，自己的知识与经验完全不够，因而一直在努力让他人感觉与我的性格相合。在一些商务相关的书籍里，这也是一种与人好好相处的技术。

至于这方面的经验，就是无论与什么样的人相处，都要尝试接受他们的价值观。

不必多说，人的价值观各不相同。

比如说，某个人的最大兴趣就是美食，因而当听到某个饭馆的评价还不错时，就算是花钱坐新干线也要亲自去尝一尝。但是对于那些把吃饭仅仅当作营养摄取活动的人来说，则完全无法理解这样的行为。此外，有些已经生了孩子的女性会认为，长期单身的女性是不幸的；而有些长期单身的女性会觉得，那些生了孩子的女性已经被家庭束缚住了。

世界上没有绝对正确的价值观，也没有绝对错误的价值观。无论你的内心对某个人的观念有多么无法接受，我们一般都会说一句"可以理解"或"我也这么认为"等。我也觉得，销售这样做是合理的，但是这里有一些陷阱。

这就是，你会被识破。你的认同只是口头上的，真正的心思早晚会被对方发现。

而且，一旦被识破，对方就会对你失去信心，这种信心的丧失是无法补救的。与其出现这种情况，不如在一开始就说对方错了。如果客户给你贴上了"说话轻浮，不经大脑思考"的标签，你在他那里也就不会有什么"复活"的可能了。

那么，我们到底应该怎么做呢？我认为，只要时间足够，我们就应该努力让自己接受人们的价值观各不相同的现实。具体地说，就是增长我们的见识。读书、看电影等，可以达到这样的目的；也可以去博物馆或美术馆，又或是去一个自己没去过的地方旅行。总之，我们要了解社会，并且要了解人。只要我们能了解这个世界，我们再说"可以理解""我也这么认为"等话语时，就会消除那种轻浮感。即便我们与客户的观点不同，也会感觉到，他的那种想法是可以理解的。

客户购买你的商品，是一个怎样的过程？在我看来，这不是一种单单满足客户需求的工作。在网络上，这种理解是成立的。但在现实的商品、服务与金钱的交换场所中，我们销售人员与客户同时在场，这个时候，我们就脱离了需求与供给相平衡之类的经济学理论，成了交易的催化剂。这种催化剂，是一种共鸣。当客户觉得"这个销售似乎很了解我啊"的时候，化学反应就产生了。

当然，客户也并非一定要选一个与自己价值观相同的销售，只要某个人能真诚地理解自己的观念，客户就会产生信任。

只要我们能够了解多种多样的价值观，我们就会让每一位客户注意到自己。对客户的理解加深了，别人自然就会选择你。

> 口头的认同早晚会被识破，被选中的销售总能接受不同的价值观。

与孤独战斗时，要以孤独为乐

与每天在实验室里做研究的科学工作不同，与每天面对农作物的农业工作也不同，销售工作是需要我们与他人交流的。所以很多人认为，销售是最不可能令人感到孤独的工作。不过，根据我做销售的经验，我对孤独有着自己的理解。

销售人员最重要的，就是销售数字的上升，数字没有变化，我们就没有成绩，销售的世界就是这么严酷。

无论你有多少人脉，有多少知识，没有业绩，就是不合格的销售。说句不太正确的话，对于销售来说，销售数字就是尊严。所以，这样的数字，只能你自己去创造，谁也帮不了你。当然，前辈们或许会给你建议，但最终还是需要你自己来改变这个数字。这种孤独，是精神层面的，业绩好的时候你感觉不到，一旦数字停滞不前，你就会深有体会。

但是，如果你试图从这种孤独感中逃离，就会什么也得不到。逃离基本就意味着你是在找借口，也就是说，你把自己业绩不佳的原因转嫁到了其他方面，只顾着让自己感受到安全。这或许可以让你得到一时的安逸，但作为销售，你不会因此获得成长。在陷入不利环境的时候，如果不去面对孤独，与孤独作战并最终战胜它，一个销售就不可能进步。

再看看那些业绩卓越的销售，他们不仅一直在面对孤独，而且在与孤独战斗的过程中，他们乐在其中。销售的目标，大概就是这样一种境界。

那么，我们怎样做才能达到这种境界呢？依照我的经验，达到这种境界的关键就在于我们的行动。只要付诸行动，我们也能达到这样的状态。

我接触了很多销售，发现很多人有着令我不可思议的倾向。越是没有成绩的销售，通常越是没有什么行动。相反，有成绩的销售则一直在做着某些事情。

所谓的行动，不仅是指给客户打电话，或者去拜访客户之类的直接行为，还包括与关键的第三方进行联络，参加不同行业交流会以扩大人脉圈等间接的商业活动。只要是以提升业绩为目的的行为，都包括在内。

所以，有业绩的销售业绩会越来越好，而没有业绩的销售则会一直烦恼下去。体育比赛也一样，状态不好的选手在比赛时会畏首畏尾，状态好的人则可以调动全队人的积极性。

假如，你发现自己开始畏首畏尾，那你可以先对自己进行一个相对客观的评价，与同事和其他公司的销售做一个比较，把握一下自己的实力水平。虽然我们需要面对孤独，但是也要在正确把握自身实力的基础上设定合理的目标。

我在保险代理公司工作的时候，首先去的是其中一家比较小的分公司，我最初的目标，就是成为那个分公司的第一。实现这个目标之后，我便会朝着城市第一、地区第一、全国第一迈进。最后，我会把目光投向世界第一。在MDRT里，TOT（top of table，顶尖会员）只有400人，而我就是要成为世界前400。

你的实力会清楚地反映在你的销售数字上，状态好的时候自不必说，状态不好的时候，估计你都不忍心看自己的业绩。对人们来说，没有比面对自己更困难的事了。

可是，如果一个人能够勇敢面对自己，他就会自然而然地行动。我们不需要有多么飞速的进步，刚开始就先想办法增加客户的数量。敢于面对孤独的销售，必然会成长。

提升自己，从面对孤独开始。

可以标准化的服务与无法标准化的服务 I

我们应该给客户排一个优先顺序。不仅如此，我还会根据自己的标准将客户进行分类。面对不同类别的客户，我的交流方式和时间分配也不同。

有些人可能会觉得这样对某些客户有点失礼，而且可能还会有人自信地说："对待任何客户，我们都得全心全意地付出诚意才行。"其实，我也是这样想的。虽然我为客户排了一个优先顺序，但是我依然想全心全意地对待每一个人。

不过，说一句比较失礼的话，如果有人觉得这样做是矛盾的，那么他本人恐怕也没太把客户当回事。虽然嘴上说着要认真对待客户，但实际上，他们只是陶醉于一个懒得判断客户的经济实力和社会地位的自己。试想一下，要是不对客户进行分类，你能满足所有客户的需求吗？

这个问题一旦提出，肯定会引起人们的争议。一些销售虽然坚信自己应该给客户排出一个优先顺序，可在事后，他自己可能会感到不太合适。这是因为，我们对"优先顺序"和"分类"存在一些误解。我们很容易认为，顺序较为靠后的客户，都会被我们忽略。

我个人认为，给客户设定优先级，与全心全意对待客户，绝不是矛盾或对立的。我绝对不会随便应付客户，只是会根据顺序的不同，改变一下服务的质或量。但是，人们基于那种误解，已经有了一种先入为主的观念，所以才会有人认为给客户分类是绝对不可行的。

仔细想一下，我们就会认识到，对客户进行分类，设定优先级是很有必要的。时间是有限的，我们与客户交流的时间自然也不会太多。

受人信赖的销售，由于人气很高，会有很多客户想要与其合作，这个时候，他们会尽全力满足每一位客户的要求。这种想法肯定是正确的。但他们考虑的，并非给每一位客户都提供相同的服务。也就是说，客户的需求是强弱有别的，有些人想要得到销售非常细致的服务，而有些人只想寻找一个可信度高的销售，哪怕接触频率低一点也无所谓。

所以，我们可以根据这些，改变一下服务的质与量。就拿买车来说，并不是所有买家都想买高级进口车，那么既然如此，对于那些想买廉价汽车的客户，你给他们推荐一些小型轿车，肯定不能算是轻视客户。

再比如说，我每年都会邀请一些客户去旅行。参与活动的人大多是企业高管，所以我把这个活动称作"经营者合宿"。通常我会租一辆小型旅行车，载着6—10位经营者，远离工作场所的喧嚣。在旁人看来，我们不过是在一起吃个饭，搞一次慰问旅行，但是在这个过程中，我们会聊一些在办公室里不会聊到的话题。当然，这也会增加我们的亲近感。

　　对于我来说，这样的时光肯定是有意义的，可我也明白，我不可能对每个客户都采取这样的行动。有些客户，我会和他们一起去打高尔夫；而有些客户，我们顶多在一起吃个饭。有些客户，我会每年打一次电话报告近况；有些客户，我只会寄一张新年贺卡。

　　要实现这种多样的交流，就必须要对客户分类。正是因为有了优先顺序，我们才会采取适宜的相处方式。想满足多数客户的期待，我们就得认真分类。

> 　　与客户相处前，要对他们进行分类。

可以标准化的服务与无法标准化的服务 II

要排优先顺序，销售们需要考虑两个要点。

其中一个是如何设定标准；另一个是对排位靠后的客户，怎样构建标准化服务。针对这些问题，我来分享一下我的经验。

首先是第一个问题。不同的行业会带来很多不同的客户，因而我们没有必要设定一个特别严格的标准。当然，如果有例外的话，我们也要灵活应对。基本上，销售人员需要根据自己的做事风格或信条来设定自己的标准。

作为参考，我列出了我的标准，总共有六项：

1. 到现在为止相处的时间（相处的历史）

2. 客户对身为销售的自己所做过的一些事情的重要程度（业务以外的事情）

3. 与客户相识的原因（你们到底是怎么认识的）

4. 此次活动是否会为你拓展新业务（自己的业务范围能否扩大）

5. 该客户的合同保有数量（花的钱是否有用）

6. 对该客户喜欢还是讨厌（该业务你是否中意）

上面这六条，就是我在采取交流方式和分配相处时间时所考虑的六个标准。

但随着我自身的情况有变，判断标准也会发生变化。说实话，第五条现在已经不是很重要了。

然后是第二个问题。对于服务的标准化，我们最应该注意的是，我们不能让客户因此产生一些不满情绪。

客户在发现下面这些情况时，会对销售产生不信任感。

· 销售只会考虑自己的事情

· 不确定自己能与销售取得联络

· 认为某个销售不值得自己去求助

· 商品质量与售后服务不到位

· 听到针对某个销售的差评

换句话说，如果能够避免以上情况，就算客户发现自己受到了标准化服务，也不会对销售抱有任何的怀疑，更不会感到自己被轻视。

我们在一边考虑这些问题一边实行标准化的时候，一定不要忘了客户选择自己的理由。那个人为什么要与我们交流？只有正确把握了这一问题，我们才不会让自己的努力和时间都白白浪费。

比如说，如果你觉得客户选你是因为你拥有丰富的商品知识，那么你可以准备一些通用性比较高的资料，把它们分享给客户。对于排位靠后的客户，你可以把你的消息来源告诉他们，让他们自己去找，这样可以节省你的精力。

另外，如果你擅长在聊天时让客户感到安心，那么你就可以分析一下客户的所在地区和业务的大小，然后制订一个一年的行动计划，有针对性地增加面谈的次数。

我们不仅要思考业务的大小，思考与客户一起相处的时间、他们的经历，还要分析与客户之间的距离感与亲密度，这是非常重要的。

对待排位靠后的客户，我们决不能给他们提供敷衍了事的服务，而是要给他们提供高品质的标准化服务。

> 对待排位靠后的客户，我们要给他们提供高品质的标准化服务。

危险预知能力高的人才会成功

不遗漏客户发出的信号，是一个优秀的销售必须具备的技能。他们会观察客户的举止和言语，一旦有签合同的意向，他们就会很快正确领会，并立刻拿下这一单。可以说，这是一种食肉动物的狩猎感觉。

这种能力确实很有用，但是我认为，对客户发出的战败信号进行察觉，这种能力更加重要。战败信号是客户拒绝自己的一种征兆。如果注意不到这种征兆，你就会被客户彻底讨厌；而当你注意到时，你就可以排除掉一些客户厌烦你的原因，然后想办法重新让客户信任你，这是一种让自己恢复良好状态的能力。这就好比食草动物的自卫感觉。

我们在多数时候都希望自己的人际关系能够稳定。遇到自己不喜欢的人，我们也不会对其不理不睬，甚至会在表面上装出不拒绝的样子，以此来稳定我们的人际关系，否则双方都会感到不快，甚至会让周围的人难堪。我们总会尽可能地抑制我们对某人的厌恶情绪，以此来努力避免断绝关系这种最差的状况。这就是成年人的应对方式。

但是，客户与销售之间的关系是不一样的。一旦客户觉得某个销售不值得自己去交流，那么他可以随时终止合作关系。对于客户来说，销售不是自己的同事，不是每天都必须要见面的人。

想要与客户维持长久的关系，拥有危险预知能力是很重要的。这是一种当顾客显露出某种态度或说出某句话时，人们准确抓住其征兆的能力。之后，拥有这种能力的人就可以及时调整自己的行为，尽快修复与客户的关系。善于与客户建立长期关系的销售人员，不仅具有食肉动物的狩猎感觉，更重要的是，他们还拥有食草动物的自卫感觉。

那么，我们怎么才能磨炼这种能力呢？

我之前在与客户面谈的过程中，会专门注意以下几点。

· 交谈过程中要引导客户说出自己的喜好（喜欢什么东西），然后想象一下他可能不喜欢的事物。

· 客户如果说了一些消极的话，我们一定要先包涵一下。然后尝试挖掘造成客户不满的原因。

· 与客户一同思考解决其不安与不满的方法。然后，在有限的时间内得出自己的答案，并与客户分享。

· 下次面谈时，我们要为客户准备一个比上一次的答案更有效的解决方式，以消除（缓和）客户的不满。

其中的要点，就是倾听客户的话，以此来感知客户的价值观、伦理观，以及他们不认同的事物。这些都是客户的个人感觉，我们显然无法完全体会，但只要掌握了这种能力，我们也会让客户感到彼此的认识是相似的。

　　无论如何，与让客户喜欢自己相同，我们也一定不能让客户厌烦自己。优秀的销售，不仅会在初次见面时使客户产生好感，还会在很长一段时间内避免让客户产生厌恶的情绪。

　　在被喜欢之前一定不要被讨厌，在得到机会之前一定不要陷入风险，只有这样我们才能与客户构筑良好的长期关系。

> 被选中的销售，不会漏掉客户发出的战败信号。

每周 15 个邀约

　　在保险业界，一直有一个神话，说是有一个人每周都能收到15个邀约。为什么他能收到这么多邀约？很多销售可能难以理解，但是这件事肯定是有根据的。人们都称他为"神"。

　　这个"神"就是托尼·高登，保险业界无人不知的神级销售。他说自己成功的秘诀之一就是每周有15个邀约。在我进入保险行业工作之后，我也把他的话奉为神谕，并一直在努力实践。

　　然而，我那个时候没有什么业绩，肯定没法和他比。当然，那时的我所拥有的邀约的质量与托尼·高登的是不同的。不过，我还是打算去研究并模仿他的业务风格。我觉得，只要和他做同样的事，就一定可以取得与他相同的业绩。于是，我找到了他的一个成功案例，将该案例的行事风格与思考方法当作我的标准。我现在认为，正是我为了向他靠近而做出的努力，让我有了之后的成绩。

接下来，我就基于自己的经验，分享一下我关于邀约的想法。

与邀约相关的问题，我大体能提出两个。第一个，我们能接受多久以后的邀约？第二个，邀约的对象是谁？

首先是第一个问题。就我个人来说，我接受的邀约通常都在一个月后。因为在赴约之前，我们需要做充足的准备。假设我们要和某建筑公司的经营者面谈，极个别的销售可能会在此之前不做任何的调查，除去这些人，绝大多数销售都需要准备一些面谈当日所需的资料，并为了交流的顺利，调查一些建筑业界的动向等。不过，我依然觉得，这些是不够的。

在第一次见面时，我们就要考虑第二次，甚至第三次见面时可能发生的状况。另外，我还会从我的人脉里找出一些熟悉建筑行业的人，如果有必要介绍的话，我会计划与客户进行多次会面。而且，我还会考虑，在第二次见面以后，哪个时间点更加适合我与客户进行第三次的会面。

当然，有时邀约的进展不会按照我预想的进行，但这也是一个销售必须要面对的事情。我们每次去面谈，不是去与客户一决胜负，而是要描绘未来一段时间内的某个故事。随着面谈的反复进行，我们的应对方式会成为我们的后手。

当未来一个月的面谈计划都被排满的时候，有人可能会觉得，这样自己就无法应对意外状况了。其实，如果有紧急情况，我们还有时间和精力采取一些紧急行动。明白了这一点，我们就能全心全意地为客户做准备了。

销售的成果可以用"与客户的面谈次数×面谈成功率×合同单价"的公式来计算。销售新手能够增加的数量只有与客户的面谈次数，但是，我还是希望正在成长的销售人员们能够理解这个公式。

　　其次，关于第二个问题：邀约的对象是谁？答案很明显，就是我们的客户。新客户和老客户肯定是我们业务的中心，不过在客户之外，我也会有意识地争取邀约一些各行业的人士进行交流。这是为了减少我知识和信息的偏差。

　　我虽然每天都很忙，但为了与客户见面，会抽出一些很宝贵的时间。对于我来说，我想为我的客户提供有用的消息，希望我们见面的时间对于客户来说是有意义的。在我与各行业的人士交流的过程中，会得到一些我的客户们所不了解的信息。而这些信息对于客户，是非常有用的，其有用程度超出了我们的想象。

　　至于邀约的比例，我认为新客户占40%，老客户占30%，客户外的占30%比较好，因为这样比较平衡。

　　　　在初次见面时，我们要考虑第二次，甚至第三次面谈时可能出现的情况。

对于客户，要想好什么是自己不能做的

为了服务客户，我基本上什么都愿意做。不过，我很了解自身的水平。我可以给客户介绍一些律师或注册税务师，也可以给他们的资产管理提一点建议。只要客户觉得我这些行动对他们有帮助，我就会感到满足。所以，有时他们提一些超出我自身能力范围的要求，我也不会因此有所抗拒（当然，违反保险行业规定的禁止事项是肯定不会去做的）。

但是，说实在的，这也要看客户。

很多人可能会因此批评我，说："你是要根据业务的大小来决定吗？"但是，我所说的差别肯定不是指这个。

　　人们之所以想要为某个人做任何事，是因为那个人有着高尚的人格和自律的生活。换言之，对于那些认真生活的人，人们都会觉得自己无论如何都应该为他们做一些有用的事。

　　反过来说，如果某个人不认真生活，即便他是客户，我们也不想为他提供业务范围之外的服务。我在为那样的客户服务时，他们想到的基本都是自己的利益。

　　然而，认真生活的人，会让我们所提供的服务变得有生命力。夸张一点说，这些人在得到某些东西后，不会只想着自身利益，而是会想着利用它们为社会做点贡献。而且，这样的人，绝不会拿别人来方便自己。

　　话说回来，不管我怎么讲，这些都是我的个人观点，有些人还是会认为我对客户有一些偏见。人的价值观各不相同，有人会这么想我也能理解。

　　只是，就算是有偏见，我们也要有自己必须守护的价值观和人生观。我虽然从事销售工作，但也觉得，这些观念不能扔。有客户才有销售，但并不意味着客户就是上帝。即便如此，还是有很多人因为害怕自己谈不成这一单，而抛弃了自己的原则，扔掉了自己的自豪感。如果你遇到了这种一直逼你这样做的客户，你完全可以放弃他们。这种客户需要的，仅仅是一些唯命是从，能给自己提供方便的销售而已。

大家在平时要认真看待自己的良心与主张，分清自己能做什么，不能做什么。销售最不应该做的，就是对客户盲从。

> 销售不应该对客户盲从，对照自己的价值观和人生观，认清自己可以做的事。

可以反省，但不要后悔

大家有没有想过，反省和后悔的区别？

字典上的定义是这样的：

反省——反复回顾并思考。思考自己过去的言行有没有错误。

后悔——对以前的事情感到难以释怀。[1]

反省和后悔看着很相似，但其实两者的概念完全不同。举例来说，在后悔的状态下，人们或许会反复说"要是那样做就好了"；而在反省的状态下，人们会自问"那

---

[1]《现代汉语词典》上的定义为：反省，回想自己的思想行动，检查其中的错误；后悔，事后懊悔。——译者注

样做是不是更好呢"。无论如何，销售要记住，我们追求的是面向未来的积极反省，一味傻乎乎地后悔是不会给自己带来好结果的。

其实，我也一直劝诫自己：我可以反省，但不能后悔。这不仅是因为我们需要保持这种健康的心态，还因为一旦保险销售后悔，则说明他们遇到了无法补救的事情。

以前，有不少客户既没有购买新家构筑保险，也没有购买火灾保险。很多人都觉得，火灾这种事都是"对岸的灾难"，他们完全无法想象自己遇到这种事情时，会是一种怎样的情况。

但是，在我看来，构筑新家却不买火灾保险，就是一种过度自信和无防备的行为。虽然我一直在劝一个客户尽早购买火灾保险，但他一直嫌麻烦，犹犹豫豫，后来他实在是架不住我的劝告，跟我说等他出差回来再签合同，可我依旧不放弃，最终半强制性地与其签了保险合同。

我到现在还记得当时客户那不满的表情，但是仅仅几天之后，他的新家就着了火。当他拿到保险金的时候，脸上流露出感激与后怕参半的表情。那种神态，我一直没有忘记。

　　这听起来像是小说里的情节，但每当我想起这件事的时候，就会感到后背发凉。我不仅很庆幸自己没有放弃劝说他们，同时也体会到，没让自己后悔的感觉真好。其实，我还有更可怕的经历——一件关系到客户生命的事。

　　"那个时候，我真该让他买份人寿保险，哪怕是无理由的购买。"

　　这种想法，我恐怕一辈子也不会抹去，但同时，我也不想后悔第二次了。而为了不让自己后悔，我必须要做应该做的事情。只要我下定了决心，无论客户有什么样的顾虑，无论有什么样的麻烦，我都必须去做。

　　为了不让自己后悔，我必须要做应该做的事情。

不要太依赖宣传册

　　前几天，我坐出租车的时候，有一个广告中提到了"销售"二字，我便不自觉地把目光投了过去。广告中，一个销售钻进了电脑里，而他的上半身从另外一台电脑里钻了出来，就这样与客户面对面地交谈。它似乎在告诉我们一个信息：就算不是面对面，我们用电脑也能与客户交流，大老远跑去与客户面谈的销售方式已经过时了。

　　我也觉得，客户要是没有电脑，似乎就什么也做不成。确实，随着通信技术和人工智能的快速发展，这些科技也会影响到销售人员的工作。其实，从事保险行业的人，只要有了笔记本电脑，就算没有宣传册，也能给客户分享一些重要的信息，报价表的制作也会变得简单。

但是，无论沟通工具有多么便利，交流再怎么有效率，销售活动的本质是不会变的。当销售与客户都在场时，双方的关系会决定最终的成败。

我不是在否定电子产品的便利性，可无论我们的工具是否电子化，我都不希望大家过度使用宣传册或者报价表。此时有人可能会说："这样的话我就没法进行销售活动了。"然而，依赖这些东西的销售人员，大都不会取得好的业绩。而且，对客户的了解也会变少。因为此时的销售，关心的不是客户的事情，而是所推销商品的性能。

我也承认，这样的销售的确有点过时，但是我心目中的理想销售一直是《海螺小姐》里登场的三河屋青年。他从来不向海螺小姐推销什么东西，而是大致估算一下，她家里的酱油什么时候会用完，或是什么东西用得太旧了，然后才去拜访。到家里以后，他会先寻找海螺小姐家里比较紧缺的东西，然后针对她的需求来推荐某样商品。也就是说，他的服务过程就是先把握客户的困难之处，然后通过推销商品来帮他们解决这些困难。

如果三河屋青年不考虑客户的需求，直接拿出宣传册介绍商品的性能，那么客户也会变得不耐烦。况且，现在海螺小姐也用上LINE①了，那个青年也没有必要再从后门溜进海螺小姐的家。无论如何，我们都要增加我们与客户的接触频率，以此来给客户提供必要的信息与服务。

无论技术有多么先进，只要客户不感兴趣，这些内容对于他们来说就是无关紧要的。那些误以为客户会被新技术所吸引的销售，恐怕早晚会被那些可以讲解得通俗易懂的AI所取代。

> 了解客户的困难之处，是销售的开端。

①LINE 是一款即时通信工具。——译者注

客户会与最具有当事者意识的销售签合同

那么，大家有没有想过，客户为什么要购买你的商品或服务呢？

很多人觉得，因为他们想要，所以才买。但是原因不仅限于此。最重要的一点是，客户认识到，自己作为当事者必须要购买。只有明确了这种认识，客户才会把钱花在你的身上。

当然，销售人员必须要强调客户的当事者意识，任何可能弱化这种感觉的事情都要避免。可是，很多销售在自己还不了解这一点的情况下，就将客户往这个方向引导。上来就发宣传册就是典型的例子。

　　前面我也说过我不建议过度使用宣传册的理由，其实，这种方式会削弱客户的当事者意识，这是一种很不好的影响。首先，客户对宣传册的印象决定其对销售的印象。其次，如果客户对宣传册不感兴趣，就会失去交流的欲望。一旦他们觉得此事与我无关，当事者意识就无法得到增强。

　　那么，为了增强客户的当事者意识，我们应该做些什么呢？

　　最有效的办法，就是销售人员先具有当事者意识，让客户感觉到，你可以和他一起解决相同的问题。也就是说，销售要有与客户相同的认识。

　　在成为经营者之前，我的客户最多的时候，共有约2000名个人客户和约300家企业的法人客户。这么多人全都由我一个人来对接，虽然不曾感到过混乱，但确实很消耗精力。我采取的最有效的方法，是使用顾客笔记。

　　随着现在社会电子化程度的加深，客户的信息可以通过数据库来进行管理，但我做销售的时候，可没有那么多方便的设备，所以，客户的信息，我只能手写在笔记本上。手动记录所花费的时间太长，因此我肯定不会推荐现在的人去这么做，但是在当时，我们别无他法，很多销售人员都是利用笔记来管理客户信息的。

与客户见面的日子即将到来时，我要看一下顾客笔记，将与客户相关的信息全都记住，之后再开始交流。交流结束后，我会把得到的新东西，以及交流的经过再次记在笔记本上，如此反复。我通常不仅要把法人客户或个人客户的信息记下来，还要在面谈之后制作一份议事记录，到下次见面时我会把这个交给他们。其实，我是在模仿托尼·高登的做法。

很多销售都有顾客笔记，但很少有人会去写议事记录，他们没有意识到这个东西很有用。对于我来说，这不仅是一本备忘录，通过这种方式，我可以和客户一样，让自己产生当事者意识，并且让客户意识到自己是在亲身参与。

销售人员强调当事者意识的时候，自然也会刺激客户的当事者意识。客户要买什么样的商品或服务，销售人员也要认真思考。对于那些理解自己、认同自己价值、明白自己立场的销售，客户都会有一种信任感和安心感，进而愿意与他构建长期的关系。

而客户和销售之间共有的当事者意识，会加深二人的相互理解，并使信赖关系升华。因而，客户和销售对当事者意识的共同认识，是构建信赖关系的第一步。

为了构建这种关系，整理客户信息，了解客户详情是非常重要的。到了现在，纸质的笔记本已经很少用到了，我们可以利用电脑来完成这种工作。因而，我希望大家把握客户的经历和背景，让自己也拥有当事者意识，努力制作一个顾客笔记。

整理客户信息，了解客户详情，由此让自己拥有当事者意识，并将其传达给客户。

客户愿意再次见你的绝对理由

与客户面谈几次更合适？这个问题，不同的领域，不同的业界状态，肯定有不同的答案。

面谈邀约是销售的生命线。与客户见面，是销售与客户互动的前提。那么，为了让客户想和自己见面，我们该怎么做呢？在什么时候，一个人会想要和另一个人见面呢？

我认为，当出现以下情况时，一个人就会想要和另一个人见面。

1. 可以得到收益（经济的利益）

2. 可以得到安心感（精神的利益）

3. 可以得到有用的知识

4. 可以帮助自己整理混乱的事物

5. 可以让自己心情愉悦

6. 可以倾听自己说话

7. 对方怀有好意

　　如果想让客户与你见面，以上情况我们至少要满足一条。接下来，我逐条跟大家解释。

　　第一条是最典型的客户想见销售的理由。客户对销售的期待，首先就是经济上的利益。当一个人认为某位销售确实可以给自己带来好处时，他肯定会回应你的邀约。

　　第二条可以让销售获得客户的信赖，从而建立信任关系。"您有什么困难吗？""需要帮忙的话您随时吩咐！"当我们能够给客户传达这样的信息时，客户接受邀约一般不是问题。

第三条和第四条是指一个销售对客户的有用程度。我通常称其为贡献指数。

贡献指数是对客户所遇到问题的解决程度，或是向客户提供的信息和知识的质量。而且，我们可以认为，贡献指数与销售业绩是成正比的。贡献指数高的销售，其所得到的信任也很多，贡献指数越高，客户就越想与你见面，甚至一天不见，心里就不踏实。

所以，销售们要尽可能地为客户提供高质量的服务（信息和知识），以此来获得成果（信任和见面）。

第五条是人们相处的一个基本原则。但销售只是普通人，在某些状况下，也会情绪低落。因此，我们有时候必须要表演出某种状态。比如说话干脆而流利，适合交流的姿态、表情，以及适度的紧张感等。

关于这一点我们要注意，我们一定不要说一些消极的话。对自己不理解的事，如果我们说了一些否定的话，客户的消极思想就会增加。相反，积极向上的话（哪怕是没有道理的话）可以让我们的思维变得更加乐观。积极肯定的销售人员，客户们都会喜欢。

第六条也是一种常识，不过要注意，我们不能过度倾听。过度倾听是指与客户交流时，自己一言不发，只听不说，从而使双方的交流（包含客户说出的烦恼）变得愚蠢，进而造成交流时只有消极话语。这样的情况其实并不少见。一旦我们感到交流变得愚蠢，我们需要立刻修正。

这个时候，我们要意识到，我们必须去帮助客户解决他们的问题。失去了解决问题这一目的，只在问题的表述上停滞不前，这样的交流只能是愚蠢的。

第七条属于感觉上的东西，第一次见面时，或许你没有能够吸引客户的特质，但要注意，你一定不能被客户讨厌。无论是言行举止，还是姿势表情，我们都要考虑"别人怎么看"。

认识了以上七点，你的面谈邀约肯定增加。

最后一点，我们不要想着"怎么才能争取到下一次面谈的机会"，而是要思考"怎么才能让客户想要再次与自己见面"。做不到这一点，我们就没有下一次了。

　　想要让客户期待与自己见面，我们就得认真倾听客户的话，并提供有用的情报。这可不是让我们对客户卑躬屈膝，因为面谈不仅仅是销售想要的，也是客户们所需要的。

> 创造一个客户想见你的理由。

你要首先联系客户，而不是你的上司

　　无须多言，报告、联络、交谈对于社会工作者来说是基本中的基本。尤其是销售，其最基本的活动就是与人交流。

　　另外，因为销售的业绩直接关系到整个公司的业绩，所以我们的跟进报告是不可或缺的，而为了应对客户的不满，公司内的情报也必须要共享。当然，最重要的还是沟通。沟通不仅是为了销售，更是为了客户。从这种意义上来说，跟进报告也是销售活动的根基。

　　只是，我们的跟进报告，针对的不应是公司的上司。

　　我在之前的工作中，总会有意识地给自己分配一些跟进报告的时间。粗略地计算一下，与客户的联系时间占总时间的70%，与上司的交流时间占20%，与前辈交流的时间占10%。也就是说，大部分的时间，我都给了客户。

除了一些很特殊的工作，绝大多数销售不会只对接一位客户，所以，对于销售来说，某一位客户只是众多客户中的一员。但对于客户来说，销售只有一个，因而在他们心里，自己的事情就是全部。

所以，客户对于销售的活动，一般都记得很清楚。此外，自己的业务进展到了何种程度，出现了何种状况，客户都是非常关心的。如果我们能在合适的时间及时跟进，客户对我们的信任感也会得到提升。

相反，一旦我们对此有所懈怠，就有可能破坏我们与客户的关系。客户对一些销售轻视自己的迹象非常敏感。我们的跟进报告中出现不协调的状况，是销售的一个致命伤，这一点大家要记住。

跟进报告最合适的时间点，肯定要随着销售的工作和与客户关系的变化而变化。为了让大家有个参考，我介绍一下我的工作标准。

关于新客户及其提出的问题，我们回复的时间不应超过48个小时。跟进报告基本上是一周一次。此外，如果这一单谈成了，必然会再联络客户一次，以表答谢。之后，我会每三个月问他们一次"有没有什么需要我帮忙的"，以此来关心一下客户的近况。我的近况也会一年报告一次。这些都是基于我的个人经验。有些人觉得，这样的联络频率有点高，但是，我觉得这样正好。

此外，在跟进客户时，有些事情我们要注意，那就是，我们要使用合适的方法。

比如，有些客户不太喜欢别人给他打电话；有些客户则不太喜欢使用邮件；还有些客户，在不同的时间会利用不同的通信方式，诸如电话、邮件、短信等。

同样，对于跟进报告的内容，有的客户喜欢简洁，有的客户喜欢详细。也就是说，针对不同的客户，我们要采用不同的手段。

客户到底希望销售们采用怎样的方式，我们在一开始是不了解的。如果你直截了当地问，又会显得很失礼。所以，到底用什么联络方式，客户想要什么程度的跟进，需要我们在交流的过程中进行确认。如果直接问的话，不要超过一次。

我再重复一遍，对于客户来说，销售只有一个，也就是说销售是客户的only one（唯一）。想要成为这唯一的被选中的销售，报告、联络、交谈的工作一样也不能少。

> 对于客户来说，销售只有一个，自己的事情就是一切。

不要成为 One of them，要选对自己的位置

其实不仅仅是保险行业，其他行业的销售也在因一个问题而烦恼：怎样才能增加自己与客户的接触频率？

很多销售觉得，只要与客户的接触频率增加了，就有机会向客户推荐其他的商品或服务，同时可以提升与客户之间的亲密度。

但是，客户购买了你的商品之后，一段时间内就不会再看中你的商品了。人寿保险行业中这样的情况就很常见。

我在处理人寿保险业务时，与客户的接触一般是一年一次，或者有事故发生的时候，而大多数处理人寿保险业

务的销售，在谈成一单之后，就基本没有再次见到同一个
客户的机会了。我见过很多销售，为了能够再次和某位客
户对接，有过不少错误的行为。

在客户生日当天寄送生日贺卡；成单一年或三年后会
打电话或写信问候；了解客户家庭的销售会给他们的家庭
活动提供一些信息，然后再提供一些其可能购买的商品的
情报……每个销售应该都有过这样的经历。

虽然这些行动都很重要，但我们也应该知道，现在这
个时代，很多企业为了收集大量的客户信息，建立了数据
库，对于隐私的外泄，客户是非常警惕的。

顺便说一句，我从来没有给哪个客户寄过生日贺卡。
而对于那些对节日等活动比较看重的客户，我一般会给他
们打个电话。当然，有时他们很忙，说不了几句话就挂
了，但是总的来说，我的心意还是很到位的。

当我们的客户有特殊活动时，我们做销售的一定不要
总想着与其他销售一样（one of them）。

一个客户，他的工作越忙，任务越重，分配给销售的

时间就越少，如果不做一些特殊的事情，我们就会被埋没在众多销售当中。所以，在不成为one of them的前提下，我们有必要采取一些给客户留下好印象，让客户高兴，使客户产生兴趣的方法。

客户越是有重要的活动，我们就越要努力地让客户知道我们的存在。这个时候，销售就要采取一些行动，找对在客户的重要活动中我们所处的位置。

那么，怎样做才是正确的呢？我认为，我们应该努力收集信息。

我们要把握客户的兴趣爱好、价值观，以及他们的时间安排，还要了解其每天、每周、每月、每季度，甚至每年的工作和生活习惯。

很多销售人员都了解客户的家庭构成和上班地点等，但是这些都是表面的东西，更深层的重要信息，他们并没有获取到。这里的重要信息是指"为什么客户会在那里工作"，了解了这个，就可以了解他们的价值观；除了家庭构成之外，还要了解他们在家庭里都会做些什么事情。我们不能只停留在表面，还要探索一下某件事的成因，收集信息的时候，我们的目光一定要长远一些。

采取和其他销售同样的做法，不一定能取得相同的结果。我们要收集的，应该是与其他销售不一样的信息，基于这些信息，我们才不会成为one of them。

仔细想一下，确实如此。很多销售为了避免失败，总会选择采取一些与其他人一样的行动。我觉得，能够采用一些别出心裁的方法的人，才会被客户选中。

> 收集深层次的信息，采取不同的行动。

Part 2

如何提升自己的业绩

思考和感觉比学习更重要

　　具体的细节我不太清楚，但是大概是在工业革命之后，现代的商业学术方法才全面展开。随着经济的发展和研究的深入，最终的实际业务变得更加多样，有关商业的研究也被细分得更加精准。

　　但销售可能很难进行学术研究。在我认识的人当中，从来没有哪个人是在大学期间学过"销售学"或"销售论"之后成为销售人员的。这是因为，销售工作具有很强的个人风格，无法形成一个统一的体系。经营学和营销学可以，但有关于销售的学术却始终是个例外。

　　最了解其中门道的，应该就是我们这些做销售的人了。但凡去过销售现场的人都了解，听讲座是不会让自己成为好销售的。世界上有很多以销售为对象的研修课程，可就算是学习了这些，也不会提升我们的业绩。

不过，我们不能因此就认为销售根本不需要学习。也就是说，只依靠学习是不够的。想要提升销售能力，除了学习之外，还要再加上思考和感觉。

学习就是指获得知识。除了读书之外，为了工作参加相关证书的考试也是一种学习。当然，重新读一遍以前学校里的教科书也很有意思。正是因为有了学习，我们才能站在销售的起跑线上。

而思考则是指人对所学知识的运用能力。以销售活动来说就是：销售发现潜在客户→接近他→制订计划→使关系密切→后续跟进。在这个过程中，有很多可选项。其中，什么是最合适的，怎么做才是最有效果的，销售要做出选择，而思考就是在磨炼这种选择能力。

在我们思考的过程中，会发现工作是有一定的风险的。刚开始，我们做的不是选出最佳选项，而是一个一个地排除风险，这就是所谓的排除法。在日常生活中训练这种思考方法，我们就会在销售活动中灵活运用。

感觉是指我们要让自己的五感更敏锐。或者我们可以认为，这就是很多人都想拥有的第六感。

我们都知道，五感就是触觉、嗅觉、视觉、听觉和味觉。那么为什么销售人员的五感非常重要呢？因为这可以影响客户的决定。

具体来说，我们在饭店里点餐，看菜单的时候，味觉记忆就会被唤起，同时我们还会基于自己的视觉、嗅觉，甚至是听觉所得到的信息，来做出我们的决定。买衣服的时候，我们要用到我们的视觉和触觉；买车的时候，为了做出决定，我们可能会用上所有的五感。我们的五感，就是我们做决定时的潜在基准。

让我们的感官更敏锐，以此来捕捉多样的信息，这样我们就可以理解客户的判断基准，并产生共感，从而拨动客户的心弦。

另外，一旦我们形成第六感，就能提升客户的满意程度。客户恰好在纠结的时候，销售打来电话，推荐了其可能会购买的商品，这也可以说是一种缘分。

做到了学习、思考、感觉，销售的能力肯定会得到提升。

至于我们应该学些什么、想些什么、感觉些什么，虽然我已经说了这么多，但我觉得，每个人都有属于自己的方法。我想要强调的是，我们做销售的，相比于其他行业，都需要努力思考并认真实践。因为销售人员要面对的，是一群各方面都不相同，且拥有不同价值观的人。

只学习是不够的，加上思考和感觉后，销售的能力才会提升。

多体验成为客户的过程

我以外皆为我师。

这句话是在吉川英治所创作的《宫本武藏》这本小说中出现的。这句话的意思就是，我们要向除了自己之外的所有人学习。关于这一点，我始终牢记于心。

在我进入保险行业工作之前，几乎没有与此相关的任何知识与经验，而且谁也没有系统地对我进行过销售技能的教学。当时，我只是以我的同事为范例，对我认为比较好的销售方式进行模仿。我会努力观察周围的人，不仅是业绩好的销售人员，还有其他普通销售，甚至不做销售的人，都成了我学习的对象。

比如，有时我会在早上上班之前去便利店，那里有打工的店员；到了办公室我会见到清洁工；即便是做一些科室工作，我们也会遇到快递员和前来拜访的销售人员；吃饭的时候，我们会接受服务员的服务。就像这样，每天我们都会接触各种各样的人，接受各种各样的服务。所有的这一切，对于销售来说，都是一种让自己成为客户的宝贵经验。

基于这种意识，再次观察上述的这些活动，我们会发现，每个人与他人接触的方式是不一样的。在需要与人接触的行业里，有些人连最基本的打招呼都不会，有些人则经常笑脸相迎，让人感觉无比舒适。服装、动作、语速、声音大小、递送物品的方式等，需要注意的方面有很多，因而我们要思考，客户会怎样看待我们这些提供商品和服务的人。也就是说，如果只站在销售的立场上，我们会忽略很多事情。

有一些店主，在店铺装修完成之后会亲自去体验一下，以此来确认顾客们会看到的店内环境。桌子的高度，椅子的触感，相邻座位的距离，空气的流通，等等，在正式营业前，这些都要以顾客的身份去亲身感受。而且，如果附近有竞争对手的话，店主还可能会装成顾客，到对手店里去品尝食物，感受他人的服务。他们就是这样，把自己变成客户，去体验他人的销售过程，以此来发现值得自己学习的长处。

　　不过，在销售的世界里，这种做法是比较难实现的，毕竟我们很难体验到同行的销售服务。如果你体会不到客户的心思，你就要让自己变成客户。

　　在日常生活中，我们有很多可以让自己成为客户的机会。只要有了客户的立场，我们就会理解他们的价值观。

　　不要忽略那些让自己成为客户的经历。

学历是过去的荣光，学问是未来的价值

　　曾经我的知识和经验还非常浅薄，以至于刚刚进入保险行业的时候，我做了一些没常识的事情。到现在，我一想起这些，都有点冒冷汗。其中最没常识的，就是和前辈们一起去参加销售活动。那些允许我与他们同去的前辈，大多数都是其他公司的销售人员，因此对于这件事，我都觉得自己有点厚脸皮。如果他们不允许我同去，这完全是没有问题的，但是，即便不会因此得到任何好处，他们最终还是带上了我这个新手。因而直到现在，我都非常感激他们。

　　他们有着很强的个性，也有着很强的能力。无论什么

时候，他们绝不仅仅思考某件事对客户来说是好还是坏，这或许就是最好的销售。

此外，他们还有另一个共同点，那就是，他们基本不看学历。

销售与律师不同，后者需要接受各种各样的测试，而与之相对的，前者则不需要这些。所以与其他行业相比，销售人员中的低学历者就会相对较多。但是，一些一流大学毕业的人，在做了销售之后，也基本抛弃了他的专业。我认为，这方面的原因就是：销售这种工作，不会让我们沉浸于过去和现在，而是着眼于未来。顺带一提，我当年连大学都没上完。

学历固然重要，但也不能一味地被学历牵着鼻子走。有些人既不愿意与现在对立，又一心想着避开未来。可在我看来，学历只是过去的东西。

确实，沉浸于过去有时会让我们感到开心。即便是现在不努力，过去的成果也不会有所改变。但现在的生活，一定可以大大影响未来的生活。而且，销售就是我们要去创造未来的价值。不能着眼于未来，不能给客户创造价值的话，再高的学历也没用。

当然，销售也要向过去学习。我们需要思考一下，过去的某些知识和经验是否是无意义的，但是在创造未来价值方面，学历和过去的成绩对我们是没有帮助的。

我们改变不了他人和过去，但可以改变自己和未来。

这就是我的座右铭。

我把这句话绣在了西装领子的内侧，以此来告诫自己。

我们可以改变自己和未来。销售工作会让我们着眼于未来。

在自我否定和自我肯定之间找到平衡

现在，很多人请我到一些研讨会上做讲师，因此我得到了很多以销售为对象的演讲机会。

"没有哪个人天生不适合做销售。"

这是我的信条，每次演讲我都会说这句话。不过演讲结束之后，很多人曾找到我，说"我不这样认为"。他们觉得，销售也需要天赋和运气，并且举了很多例子来说明哪些人适合，哪些人不适合。在我看来，跟我说这些话的人，可能无法成为一名优秀的销售。不听别人说话，是销售人员的致命伤。

我之所以对销售的才能没有执念，或许是因为我本身就不具有那样的才能。我在保险行业打拼数年，能够成为"双冠王"，并不是因为我是个天才。我很明白，自己就是个普通人，这些成果都是源于我的努力。

当然，我也有过不出成绩的低谷期，也遇到过什么都做，但什么结果也没有的困难。当时的我有一种自我否定的倾向，但是我绝对不能无视这种自己不想承认的不合理的现实。不出成绩的原因在于自己，这就是现实。

销售的业绩，是不会受天赋和运气影响的。无论是成功还是失败，都有其各自的原因，而且绝大多数是销售自身的原因。没有业绩，是因为自己的努力不够；而有了业绩，则肯定是因为自己的努力做得非常到位。也就是说，客户选中你的理由，需要由你自己来创造。

我认为，我的业绩能不断上升，就是因为我能够冷静地认识到这一点。对于自己的业绩和状态，尽可能地客观看待；对于自己的言行，尽可能地规范；对于合适或不合适的事情，尽可能地去分析。这就是在自我否定和自我肯定之间找到平衡。

大家可以这样理解：既不过分悲观，也不过分乐观，而是正确地进行自我评价。

比如，当自己遇到困难时，有人会消极地认为，自己应该不会再出什么成绩了，由此行动也变得消极，业绩越来越差，进而陷入恶性循环，这就是错误的自我否定。要知道，不好的事情不会永远存在，同理，自己也不会是100%错误的。

当出现不良结果时，如果我们能够认真思考自己的言行，那么我们一定可以找出原因。我们要否定的不是我们的整个人格，而仅仅是其中不好的部分。这就是我所认为的自我否定。

关于自我肯定，以我的经验来说，这一点也是很难掌握的。有时，我们的状态一直非常好，这个时候我们可能会因此忘记冷静地分析。也就是说，它会催生出懈怠。

为了防止这种情况出现，我们在进行自我肯定的时候，要对成功事例进行模式化，然后将其实践并沿袭下去。我们要肯定的是之前得到的成果，而且自我肯定也是

为了以后反复实现这样的成就。所以，我们可以从"只要
努力就能成功"这样的侧面去进行肯定。

业绩好的销售，很多都可以轻松地在自我否定和自我
肯定之间找到平衡。他们的自我肯定可以让他们找到自信
并向客户表达感谢，同时，他们的自我否定也会让他们反
省自己的行为，使自己更上一层楼。

自我赞赏是不对的，自我打击也是不对的。一个销售
必须具备合适的自我褒奖能力和自我反省能力，既不过分
乐观，也不过分悲观，以一颗不懈怠、不骄傲的心，去认
识事实，分析成果，将自己引向成功之路。

> 有没有业绩，原因大多在自身；否定和肯定反复
> 进行，以此冷静地思考事实。

一定要避免的四大"魔物"

　　这一节我要说一个比较"大"的话题。虽然它与销售人员的能力和技巧没有直接关系，但也是每一个销售都必须要考虑的。

　　不光是销售，每一个从事商业活动的人都属于某个行业。一个人在某个行业待久了，总会拥有一些该行业的习惯。不知不觉间，业界的一些常识，已经成了自己的标准，这样一来，我们的面部表情甚至都有可能因此而改变。

　　很多书籍中提到过，当一个人常年从事某项工作的时候，人们仅从面相上就可以判断出他的职业，比如，一个长期在银行工作的人就长了一张"银行脸"，长期从事广告工作的人也会有一张"广告脸"。这种说法是真是假我不知道，但听上去确实有几分道理。

当染上了行业的颜色之后，我们就会掌握那个行业的知识与规则，从而成为独当一面的人。对于这样的事情，我认为并不是坏事，但是我们一定要注意，对于业界的常识，一定要抱有疑问。

比如说，在保险行业工作的人，在其他人看来，总有一些特殊的习惯。当然，从事保险工作的人肯定会了解，业内的习惯跟其他人的肯定是不一样的。然而，如果我们一致认为事情本来就是这样的，我们与客户之间就容易产生认知偏差。

从这种意义上来说，各个行业的人，都有四种绝对不能盲从的"魔物"：

1. 过去的习惯

2. 原有的概念

3. 业界的文化

4. 以往的成功

　　我在保险行业和金融行业工作了这么多年，对能够认识这四种"魔物"感到幸运。我在刚入行的时候，还是个连基本常识都不懂的"小白"，虽然我因此遭遇了很多失败，但每次失败后，我都会反省："自己为什么选择这种没有效率的做法呢？"其原因与保险、金融行业长期受到监督机关的管制，以及法律层面的严格规定有着很大关系。

　　在思考这些事情时我发现，客户的一些刻板印象让我感到很为难。行业与销售带给他们的便利，他们通常不会记住，但所谓的不好的习惯，却总能给他们留下深刻的印象。尽管如此，我也能够找出一些业务合作的机会。可是一旦客户觉得你不是客户至上，就很有可能把你排除在外。

　　然后，原有的概念也会限制销售人员的行动。一个行业里总会有很多封建、保守、闭锁的习惯，因此，我们要有一些民主、革新、开放的思想，并基于此开展行动。

我们一定要从"一切出于客户利益"这样的观念回归到原点，但是我也希望大家知道，无论是过去的习惯、原有的概念，还是业界的文化、以往的成功，我们并不是要将它们完全抛弃。任何一种古老的思想，既然能被长时间地尊重，就有其合理之处，所以我们不能对过去的惯例马马虎虎。因为，这里面可能藏有成功的秘诀。

如果把这些东西全都破坏，只会给自己招来很多麻烦，同时，这对客户也没有帮助。

能让客户感觉到与众不同的销售，才会被选中。这种销售，虽然坚守着业界的常识，但不会让人感到他有很强的行业气质。

自问一下，自己对于业界常识还有没有疑问。

高质量的输出来源于高质量的输入

客户选中的销售，一定是值得信赖的人。那么，怎么才能让客户信赖呢？

"遵守约定""以对方利益为中心"，具有这样的人格魅力肯定很重要，但我们也不要忘记，我们一定要有像信息库一样的作用。"这个人经常提供有用的信息""信他准没错"，如果你能让客户对你产生这样的评价，就会得到他们的信任。

这属于一种输出能力。有这种能力的人会向客户适时地提供有用的信息或知识。而良好的输出自然需要良好的输入。也就是说，没有高质量的输入，就不可能有高质量的输出。

那么，什么是高质量的输入呢？

我列出了五项必须要拥有的东西：

1. 常识

2. 知识

3. 博识

4. 意识

5. 眼识

这五项当中，最应该重视的就是常识。常识是其他各种"识"的基础。我认为，在销售的世界里，常识就是道德与真实。

要掌握常识，我们有必要与一些有常识的人相处一段时间。大多数时候，这些有常识的人都是前辈。与此同时，我们也应该向那些向身边人看齐，从他人无意识的话当中寻找知识的人学习。这样我们就可以被他们同化，被他们熏陶。

只要有常识作为基础，我们自然就会拥有意识。进而，我们还会拥有知识、博识，以及眼识。

当然，这不是一朝一夕就能够拥有的。但只要能有这种意识，我们就能一点一点进步。同时，我们不要忘了将这种意识变成习惯，因为高质量的输出来源于高质量的输入。

> 常识是高质量输入的基础。

不仅要模仿，还要有特色

当你认真地思考你的职业时，你或许假设过，如果做了一份不同的工作，自己会变成什么样呢？实际上，每个人可能都有真正适合自己的职业，如果换了一份工作，也真的有可能发挥出自己的潜能。

乍一看这不过是个幻想而已，但是，从发现自身潜能的角度来说，这也是有一定意义的。

我有没有这样想过呢？不怕大家笑话，这种没有根据的空想我也有过。我之前认为，无论在哪个行业工作，我都能取得一定的成绩。在保险行业，我把优秀的前辈当作自己的目标，不仅观察他们的工作方式，还尽可能地去模仿。

只要能正确地模仿，谁都可以取得与前辈们相同的业绩。但是要实现这一点，还必须创造出独特的方法与技巧，所以这种模仿能否成功，我也不敢保证。这就是为什么我会说，这只能取得一定的成绩。

不仅是销售人员，任何一个行业的工作者，任何一个以顶尖业绩为目标的人，都会去模仿成功人士。在实现目标之前，自己的特色是什么无所谓。就算是完全扼杀自己的特色，只要能模仿我们的目标人物，也没什么问题。模仿别人是成功的捷径，我一直坚信这一点。

我已经说过多次，我刚开始在保险行业工作的时候，是个什么都不懂的"小白"。我能体会自己的无知，也明白一直这样模仿下去，自己是不会有什么成果的。这一点我到现在也很清楚。在第一个月，我的业绩只有8万日元。

我已经非常努力了，可业绩还是不能令人满意，甚至还因此借钱生活。最艰苦的时候，我会拆了东墙补西墙，从其他公司借钱还另一个债主的钱，这种即便破产也不足为奇的状况，困扰了我很久。

这期间我一直在努力摆脱这种危机，也做好了一决胜负的准备。那时我虽然非常努力，但始终没有找到解决困难的方法。于是我开始考虑改变自己的做法，哪怕尚未知道自己应该怎么改变。

"要不我去问一下吧。"

我去跟一些优秀的销售见面，问了他们一些问题，并尝试彻底地模仿前辈们的一些做法。那个时候有很多人把一些优秀的销售介绍给我认识，我也见到了各种各样的销售，因而我有三个月的时间没怎么工作。

从那以后，为了摆脱这种困境，我一直在严格地模仿这些销售教给我的东西。在模仿的过程中，我的客户数量在不断增加，这是一个好的循环。不过有时候，这也不能让我取得什么好的成果，原因不是我的方法不对，而是我的能力还不够，尚不能正确地实践，于是我就尽力地调整。现在想想，这个过程让我的销售能力得到了提升。

　　但是，这种程度也不过是普通水平而已，如果我能超越他们，那么我的转机就会到来。模仿他人，只会让自己取得与他人一样的成绩。不去做一些他人不会做的事，自己永远不会变得突出。

　　从那个时候起，我的想法再次发生变化，开始有意识地去做一些其他销售不去做，甚至不会注意的事情。

　　回顾往昔，我所追求的与众不同，与现在的成就肯定有直接联系。可是，如果我没能与一些特定职业或富裕阶层的客户接触过，也算是一种不完美。在保险行业，这类人都被看作优质客户，他们的圈子就是每个销售都想接近的激战区。

　　但是，无论什么理由，当进入这样的激战区之后，我不仅要给那些看重我的客户分配一些时间和精力，还要想办法提高我的工作效率。由此我意识到我要做一些不一样的事情，这样才能取得好的业绩，才能获得比单纯模仿他人时更多的成长。

　　不过我们还是不要忘了，如果不掌握好基础的知识，也不会研究出属于自己的东西。这一点在艺术界也是显而易见的，人们常说，有些画家的画，就好像小孩的涂鸦，但其实，他们拥有很强的设计能力。还有那些演奏不和谐音符的爵士乐手，其实他们可能曾经是古典音乐名家。

　　所以，我们要首先观察他人的成功，认真地模仿他人，这才是通往"独特"的捷径。

　　能成功模仿他人的人，也具备创造性。

潜在客户数量、谈判成功率、单价，
应该提升哪一项？

　　保险是一种特殊商品，我们要与客户商议，按照他们的意愿设定单价，其总额度可能会达到数百万日元，甚至数亿日元。所以，保险的价格变化幅度是其他商品比不了的。

　　经常与保险打交道，利用我个人的销售业绩验证其价值，我得出了一个公式。

　　销售人员的业绩，多数时候可以这样来计算：

销售业绩＝潜在客户数量×谈判成功率×单价

也就是说，影响销售业绩的要素共有三个：潜在客户数量、谈判成功率、单价。任何一项得到提升，我们的业绩就会进步。

我们可以用棒球里的打席数来形容潜在客户数量。不买彩票，我们肯定不会中奖；同理，没有击球的机会，我们也不可能取得安打。击球的机会多了，安打的机会也会增加，所以，潜在客户数量是销售工作不可缺少的要素。

不过，我们要是能把谈判成功率提高的话，即便不增加潜在客户数量，我们也会取得好业绩。大家也应该能想到，谈判成功率就是棒球里的击打成功率。假如，我们把所有的精力都放在寻找客户上，那么这样的努力恐怕是没有效率的。

最后，单价这一项是无法由销售人员决定的，而是根据客户的意愿自由设定的。而且，与潜在客户数量和谈判成功率相比，销售之间的单价差距并不大。但是与客户数量多的销售相比，单价高的销售更容易取得好业绩。这就是为什么我会在之前提到"富裕阶层的激战区"。

所以，潜在客户数量、谈判成功率、单价，任何一项只要能有所改善，销售业绩就会提高。当然，三项都能提高肯定是最理想的，不过我们刚开始最好选择自己最擅长的。

话虽如此，但对于新手来说，提升单价显然是不太可能的。刚开始的时候，还是要想办法增加潜在客户数量。况且，这个阶段也很难提高谈判成功率，所以也只能在潜在客户数量上下手了。

当这一点得到改善，每周的面谈邀约达到15个之后，我们就可以想办法来提高谈判成功率。与棒球比赛里提高击打成功率相同，想要提高谈判成功率，就得先提升技术层面的东西，尤其是在向客户提供信息或帮助的时候。我的做法是，在有限的时间内，尽可能地增加交流次数。

交流次数多的话，不仅会提高谈判成功率，你的客户还会给你介绍新的客户。也就是说，你的打席数和击打成功率都会因此增加，关于这一点后面会详细叙述。

最后，就是单价的提升。这种可以自由设定单价的商品或服务，提升其单价绝不是简单的工作。想要提升单价，我们就必须提供一些其他销售提供不了的好处，也就是谁也模仿不了的独特之处，这是我们的撒手锏。

如果一个销售能有这样的独特之处，那么他肯定能达到其他人到不了的水平。或许，这样的销售，早就没有必要寻找新客户了，他们的谈判成功率几乎达到了100%。

首先，作为销售人员，我们要认识潜在客户数量、谈判成功率、单价这三个要素。无论是在顺利的时候，还是在不顺利的时候，我们都要认真思考，应该先提升哪一项，否则，我们就不可能持续取得好的成绩。

　　认真思考一下，潜在客户数量、谈判成功率、单价这三个要素，我们应该先提升哪一项。

增加交流次数的六个要点

在收到面谈邀约之后，我们能不能谈成这一单，取决于面谈的时间是否对客户有意义。我认为，我们与客户之间，是可以增加交流次数的。

做到以下六点，就能增加交流的次数：

1. 传达的信息质量很高

2. 可以在一定程度上满足客户的需求

3. 客户可以体会到快乐

4. 与客户融为一体

5. 可以告知客户自己能够创造出什么

6. 双方能够明确话题

下面我就分别来解释一下。

第一条所谓的信息，首先是指商品知识。但是对于客户来说，信息不仅限于商品知识。而且，就算我们不了解某些商品的信息，只要有手机，就能随时查找。

我们要记住，看新闻也好，从其他相关的人口中得知也好，或者自己亲自到现场确认也好，无论如何我们都要设法提供一些有用的信息。根据不同场合，向客户介绍一些我们认识的人，也是一种提供信息的方式。

第二条是一个难题。销售人员想要独自掌握客户的心思，基本是不可能的。这样一来，我们就得倾听客户的想法。其实，我在对客户进行调查的时候，客户经常给予我一些很直接的评价。

只是，通过这样的调查，我还是不能得知客户的真实想法。这时，我们可以利用身为调查主办方的营销公司，或让第三方介入。刚开始，我对调查的结果感到很震惊。

但是客户的评价越严厉，改善的效果就越明显。

第三条与第二条一样，也比较难。这一点我们也可以利用调查活动来实现，但是，与第二条不同的是，客户的感觉与我们的感觉显然是不一样的。在客户看来很有意思的话语，到自己这儿可能就很难理解了。同理，反过来也是成立的。

因此，如果你觉得自己很难与客户共享某种乐趣，那就尽可能地扩大自己的知识面。当然，稍微涉及一点就足够了。我平时经常看杂志，对经济杂志、男性杂志、女性杂志、时尚杂志，甚至是少儿杂志，都有涉猎。所以，大家也应增加自己与客户之间的联系。

第四条，要是我们的认识无法与客户达到一定程度的重合，我们是无法实现第三条的。首先，我们要直接问客户，询问他们是否有问题。然后针对问题产生共有意识，并共同努力解决。当我们与客户共同处理难题时，双方就能融为一体。

第五条就是不要让自己与客户的面谈变成一种闲聊。

　　之前在我的客户当中，高净值客户比较少，不过曾经有一个上市公司的老板连续三次来找我面谈。但是，由于我不知道说什么好，不知不觉地，我们的交流就变成了闲聊。不过不管怎么样，最后关系还是维系住了，并且跟他说想要进行第四次面谈。可是那个客户却拒绝了："我现在没时间和你谈了，你先稍微学习一下吧。"他的意思就是，时间宝贵，但我没能在这段时间里给客户一些有帮助的信息。

　　所以在与客户面谈的时候，销售一定要给客户准备一些有用的东西。

　　第六条是要让大家与客户共同掌握谈话的过程，以此来给客户留下好印象。很多销售人员可能更加注重结果而不是过程，但我认为，过程与结果同样重要。

　　比如，有时候我们可能与客户面谈多次也没有谈成，这个时候，我们要是把之前的面谈都当作无用的东西全部抛弃的话，那我们与客户之间的关系就有可能结束。即便谈不成，在这个过程中双方都拿出了宝贵的时间，因而我们应该努力地创造一些价值。能与客户共同掌握这个过程，我们就能维持信赖关系。

与客户面谈的每个要点我都会做一个记录，类似一种备忘录。利用这个记录来给客户提供有用信息，就可以让双方共同掌握。

以上的六点，我们都要注意。不放过任何一个要点，脚踏实地地去增加与客户交流的次数，这样一来，我们不仅可以促成交易，还会让客户给我们介绍更多的新客户。

与客户的交流次数×与客户相处的时长，就可以得出客户的信赖容积。信赖容积越大，客户对销售的认知度，以及记忆程度都会提高。这样不仅可以加深契约关系，我们还会因此得到新的客户。

销售人员要增加与客户交流的次数。

会卖东西的销售在客户眼里是什么样？

"客户对有业绩的销售，难道不会产生戒心吗？"

人们时不时地会问我这个问题，但是我到现在也无法理解这种想法。

或许，问这些问题的人都会觉得，优秀的销售=能说会道=客户容易上当=被强迫花钱。这种想法，显然是一种误解。

客户通常在一个销售递上名片的时候就能明白，面前的这个人应该是要推销某种商品。之后，客户就要判断，这个人是否值得信赖，而作为判断依据，"这个人是一个会卖东西的销售吗"，这个问题肯定是非常重要的。一家排起长队的拉面馆和一家门可罗雀的拉面馆，如果你是客户，你会选择哪一家？就算你不说我也知道。

大多数的客户会认为，业绩好就基本等同于值得信赖。任何负面的因素，都会影响客户对某个销售的接受程度。在我看来，经验和知识丰富的销售人员，肯定会得到信赖。不过，还是有些人不信任这些销售，这方面的原因，恐怕就与挣钱有关了。

日本的老百姓从来不会把个人经济的落后当作一种耻辱，这种文化在世界上都是值得称道的。有些人很清贫，甚至可以说贫穷，但是只要人格优秀，人们都不会轻视。

然而，不要忘了，这种思想绝对不会否定商业。追求暴利的拜金主义为人所不齿，但在金融界或商界，还没有哪个人因努力挣钱而遭受过非议。也就是说，人们针对挣钱等行为的羞耻感，只是一种过度理解。这种思想，在当代社会是不成立的。

在这个经济发达的社会里，我们就是在通过合适的交易过程，来使提供商品和服务的人以及接受商品和服务的人都感到满足。而且，连接双方的人就是销售人员。只要有了销售，客户和公司都会获利。只要我们做了销售，就应该以成为会卖东西的销售为目标。

此外，以此为目标的理由还有一个：会卖东西的销售能看到别人看不到的风景。

我之前也说过很多次，对于销售来说，销售数字就是一切。销售的成长可以让销售数字提升，同时销售数字的提升也会帮助销售有所成长。销售业绩的提高，会让我们看到的风景发生变化，也会让我们有一个改变自己人生观的机会。

让尽可能多的销售达到那种境界，也是我的愿望之一。

> 堂堂正正地做一个会卖东西的销售吧，你会看到不一样的风景。

与成功邂逅

2019年，电影《七个会议》上映，该片根据池井户润的同名小说改编，是一部现实题材的快节奏佳片。故事的舞台就是某大型制造商的销售部门。讲述了一个因职场霸凌而被调走的人，揭露公司丑闻的故事。

故事的主角之一就是由香川照之扮演的销售部部长。他奉行结果第一主义，经常让员工们废寝忘食地工作。虽然这只是一部电影，但是它对销售人员待遇不佳、长时间劳动等艰苦情况的侧面的描写，还是相当到位的。很多人看着银幕上的画面，都会想到自己工作时的辛苦。

考虑到之前及现在的社会常识和劳动环境，这个销售部部长的做法肯定是过时了。在昭和时代①，这种现象还很普遍，可是现在，这已经无法被人接受。只是，有些上司虽然表面凶恶，但内心希望员工们获得成长。这样的事例，我们也见过不少。秉持着一种严肃的态度，却一直希望部下能获得成果，这样的上司，一直在暗示着这样一种期望。

这种微妙的东西，对于销售来说，也是一种成功的迹象。

人们的价值观各不相同，因而对成功的定义也不一样。

销售人员的成功是什么？

每个人在此方面的表现都有所不同，但是，那些卖不出去东西的人，肯定不会被认为是成功的。销售的工作，就是卖东西。也就是说，卖出去就是成功。而且，那些能够持续产生业绩的销售，都是成功的人。

---

① 昭和是日本天皇裕仁在位期间使用的年号，时间为 1926 年 12 月 25 日至 1989 年 1 月 7 日。——译者注

电影《七个会议》里出现了一些为了成功而不择手段的销售，可是违反法律和不道德的手段在现实中是不被容许的。这一点不用说大家也明白。然而考虑一下电影中那些不择手段的人的心思，我的感觉依然很复杂。那些销售，为了取得业绩，被生生逼到了那种地步。

往大了说，售卖商品，就是销售的生命。

"就算没有这么深刻的认识也没关系……"

人们或许会这样认为，但是，只有工作才能让你获得金钱，这一点，销售们还是要认真思考的。

有时候，这种感觉会缓和一下。不过到了客户面前，这种关乎自己命运的紧张感还是会不自觉地产生。这种压力其实非常大，甚至会让人觉得胃疼。不过，这也会创造对应的价值，当然，肯定也会有重大的使命。我一直坚信着这一点。

从事销售这种崇高职业的人，一定是以卖东西为生命，然后还要以成功为目标。

这不只是为了满足个人经济上的愿望。销售不成功，

则公司就不成功。就算是为了自己的同事，销售也必须努

力向成功迈进。当然，我们也要拒绝违法和不道德行为，

脚踏实地地取得进步。

　　销售的成功就是不断地售出商品，不断地取得

成果。

与一流的人相处，自己也会变成一流的人

关于什么是一流，每个人都有不同的看法，但是我们应该都明白，这绝不单指经济实力。有钱但没有作为的人，世界上有很多。

在保险行业工作的人是比较幸运的，因为他们可以和不同行业的客户打交道。我的客户里有很多经营者，不论是上市公司的老总，还是个体户老板，都与我交流过。如今我已年过50，那些与客户相处的经历，几乎都要忘记了，但依然是我的宝物。在这个过程中，有个客户与我之间有一些不太好的经历，于我而言也是一种教训。认识到这一点，是在我工作5年之后。

　　那个客户经营着一项很大的事业，人们都说他是一流的经营者。他也认为，每天努力就会创造价值，于是就来找我合作。他的公司大约有100名员工，这无疑是一个很理想的大单。

　　在签下第一个合同的第二年，其他的保险公司也参与了竞争。这种状况肯定是我不想看到的，不过我有信心，自己的客户不会就这么被夺走。如果你没有这样的觉悟，或许是因为你的工作太顺利了吧。

　　一天，我的手机突然响了，打电话的正是那位经营者。可是，很不巧，当时我正在处理其他重要的业务，而且是关乎成败的重要关头。

　　我接了电话，没等他说话，我直接说了一句："您先稍等一下好吗？"

　　我的无意之言，惹怒了那位客户。

　　"你这话是什么意思？我打这个电话还不是为了你？得了，咱们还是解约吧。"那位经营者说完就把电话挂了，当时的我可谓是大惊失色。

　　追两兔者，一兔不得。最后，我当时争取的业务也没有争取到。第二天，我便去找他道歉。

　　"昨天你那是什么态度？"

　　面对着他，我只能低头道歉。后来，他还是表示了原谅，说："以后别再有那种态度了！"这个涉及100人的合同总算是保住了。

　　其实，我到现在也不觉得自己当时的态度差到足以惹怒他的程度。我没有说什么不礼貌的话，只是在处理重要业务的过程中，心里涌上了一种"怎么偏偏这个时候给我打电话"的想法。而在那一瞬间，那个经营者感受到了我的态度，于是挂掉了电话。

　　思考这件事的时候，我也明白了，为什么我和一流的人会有差距。一旦有不谨慎的言行，哪怕只是一瞬间，一流的客户们或许就不会再继续信任我了。

　　一流的客户肯定会选择一流的销售。那么，一流的销售是什么样的呢？思考方式的多样化自是不必说，此外，如果觉得客户的电话太麻烦，这个销售肯定是不合格的。

我把这种情感通过话筒传达给了电话另一头的人，正是我的不成熟之处。

我也算是比较谨慎的，可惜的是，我并不认为我是一个可以和一流人物打交道的人。可是，被一流的人看透自己的心思，我不会因此感到羞耻。至少，对客户的感激之情，我是不会忘的。

想要实现一流的输出，一流的输入，并获得一流的成果，就必须要与一流的人打交道。而且，人要学习别人，也要评价别人。销售这种工作，就存在于这样的过程中。

一流客户的评价可以磨炼销售。

成功的三个要素：will、must、can

对于成功，我们可以从不同的角度来思考。

本书所讲述的内容，不仅有帮助人们在销售工作中获得成长的建议，同时还有取得成功的方法。在我看来，这是有必要条件的。

它包括以下三个要素：

·will——自己想要做的事情。强烈的意志和使命感。

·must——自己应该做的事情。明确的目标。

·can——自己可以做的事情。拥有的知识、经验、技巧。

不只是销售，任何行业的人，只要具备了这三个要素，都会接近成功。拥有与这三个要素相关的意识，我们就可以进行高质量的输出。强烈的will，明确的must，实际的can，具备这三要素的人，基本都会获得成功。

而且，成功可能性大的人，三要素重合的部分也比较大。也就是说，把这三个要素想象成三个圆的话，有些人的三个圆是无限接近同心圆的。重合的部分越大，则获得成功的可能性就越高。

我在之前就有一个每天确认一下自己的三要素的习惯。从那一天开始，我就会具体地思考想做的事、能做的事和该做的事。

此外，有时我也会考虑得比较长远，比如，一年、五年或十年后，我希望自己处于一种什么样的状态，然后为了实现这种状态，我又必须怎么做。这意味着，我在很长一段时间之后有什么想做的事，为了实现它，又有什么能做的事和该做的事。我到现在已经遇到了很多成功人士，他们无一例外，这三个要素都非常明确。只是，有些人并非有意识地具备这些，而是无意识的。

无论如何，销售人员想要获得成功，就必须以短期、中期、长期的视点来明确此三要素。

第一个要明确的是will，也就是你要确定自己想做的事。意志的坚定可以让我们不断努力。要注意的是，这里我们对can不能不切实际。一些销售很容易高估自己的can。不过，以能做的事为起点，我们就无法接触能力之外的事情，一旦有了严格的规定，我们就不会期待成长。所以，能做的事要随着想做的事而变化。

在此基础上我再来说一下must。它意味着，为了实现想做的事，一定要整理出自己应该做的事情、应该学习的东西，以及应该落实的具体行动。然后，为这些该做的事制订一个计划。

到了这一步，我们就可以考虑can了。在明确了想做的事和该做的事之后，我们要给能做的事列一个清单，如果有不足之处，就要尽力弥补。明确了意志和目标，我们就要再次审视自己的可能性。

　　我们也要明白，每个人都有扩大can的可能性，但它并不是随着意志和目标自然扩大的。我们的思考顺序虽然是will→must→can，然而can无法扩大的话，我们也无法描绘我们的will和must。

　　所以，成功所必需的，就是will、must、can之间的平衡，以及对三要素重合部分的扩大。

　　要具有强烈的will，明确的must，实际的can。

认真思考"水上站立"和"空中飞行"

　　所谓的"水上站立"和"空中飞行",只是一种比喻,以现在的科学技术,人是无法实现直接地站在水上和飞在空中的。不过,我还是一直在思考并寻找可以将这些不可能变成可能的方法和手段。意思就是,乍一看不可能的事情,我会认真考虑,怎么才能实现这样的事,并朝着这个方向而努力。

　　比如,年过50的我,想要在100米的比赛中跑进10秒,肯定是不可能的。但是,在我20多岁的时候,100米能跑进12秒,那个时候要是跟运动员们接受同样的训练,吃同样的食物,进行同样的精神修养,肯定也会接近他们的成绩。或许跑进10秒的可能性基本为零，但如果不这样打算，我永远也不可能实现。

即便我们无法突破自己的体力极限，世界上依然没有完全办不到的事情，而销售活动与自己的体力基本没有任何关系，因而不可能完成的任务就更不可能有了。

大家应该也有很多自己想做但做不到的事。要实现这些事肯定不简单，但也并非完全不可能。一旦我们认为某件事情不可能做到，就不会认真思考实现它的方法了。

我到现在已经与很多一流的人士打过交道，有时我会直接问他们一些问题，并将此作为我成长的精神食粮。而且，大家或许不会相信，但凡是我想见的人，没有一个是我见不到的。

这是因为我为了见他们，进行过认真的思考。此外，为了实现这些，日常的练习，以及必要的手段，我都实践过。因而这种程度的梦想，肯定可以实现。

我曾经想去见硅谷的著名企业家Z先生。那个人虽说比我年轻，但是如果我问他一些问题的话，他的回答恐怕会把我多年来的认识全部颠覆。

"两年内我要见到Z先生。"

我在去年定下了这个目标，没过多久，目标就实现了。

人们应该也能够想到，就算是身边只有日本人，也没有哪个人的熟人达不到5个。官员也好，艺人也好，运动员也好，肯定没有见不到的人，只是想见他们，要有策略。

假设我们想要见到名人B先生的话，可以先从人脉方面着手。如果是我，我就会先搜索一些B先生非常信赖的人，然后尝试接近他们。有人觉得，我利用他们的信赖关系，有点不厚道，但是，实现梦想就得有这样的过程。当然，违法行为是不包括在内的。只要不违背道德，就算是有点强制性，有点厚脸皮，我们也要去实践。

只要用心，基本就能实现。之所以实现不了，是因为我们轻易地认为某件事不可能，从而放弃了努力。首先，我们要排除不可能这种想法，即便我们的计划有点无理，只要能为我们积累成果，梦想就一定能实现。

销售的工作，就是坚定把不可能变为可能的思想，然后将成功的范围扩大。所以，我们要拓宽自己的思路，常备典范转移①的意识。

　　舍弃不可能这种想法，认真思考实现的手段。

————————

① 典范转移是指某个领域出现新的学术成果，打破了原有的假设或法则，从而迫使人们对该学科的基本理论做出根本性的修正。此处意为冲出原有的舒适区，打破限制，为我们的思想和行动开创新的可能。——译者注

不持续努力就不会成功

有一次，有人问松下幸之助成功的秘诀，他的回答是"不要中途放弃"。这是"经营之神"的名言，也是那些创造价值的行业所共通的真理。当然，其中包括销售行业。

销售人员想要有成绩，只需做到一点：出成果之前一定要坚持努力。

仅此一点就够。

那么对于销售人员来说，什么是成果呢？

不同的行业有不同的答案，在我看来，成果有两个判断基准，那就是销售成功和遵守期限。

　　销售设定的目标，无非就是销售成绩。但是，如果你在规定期限的半年之后才达成某个目标，这也不能被称为成果。销售的成果是指：在规定的期限内，达成规定的销售目标。当然，要实现它并不容易。

　　我在刚开始进入保险行业时，由于没有什么成果，经历了一段艰难时期。连着好几天，我吃饭的时候都在想："我要不要辞职呢？"可是，没有成果，就这样辞职了，给人的感觉就好像夹着尾巴逃跑一样。所以，尽管不知道以后会怎样，但是现在的话，就尽可能地做自己该做的事。当时我给自己的任务就是：

　　在规定的期限内，达成规定的销售目标。

　　这里说的规定，是指我自己的规定。

　　不断得到成果，以后肯定获得成功。从那以后，我就把销售与期限联系了起来。因为我没有中途放弃，所以才会有现在的我。这种持续力，就是我获得成果的原因之一。

　　不过，想要持续在规定期限内达成规定的目标，还有一个不可或缺的要素，就是爆发力。

人们都认为，持续力是一种精神上的要素，而爆发力或许跟我们想象的有点不同。我提到的爆发力，是一种计算能力。我们可以称之为一种逆算力。也就是说，基于期限到达前所剩的时间和需要联系的客户数量，进行逆向计算，然后把自己该做的工作做完的能力。

我的月度目标通常会在月初完成。当然，刚开始的时候，我总会拖到月底，然后慌慌张张地解决所有事。在快到期限的时候，如果我们还在坚持提高销售数字，就可能会被客户提出一些无理的要求。与其这样忙乱，不如认真地逆向计算一下，避免自己被逼入绝境。

出成果之前一定要坚持努力，这是销售的真理。

> 不断思考并行动才会有成果；在规定的期限内实现目标，是销售的责任与义务。

销售的本质是贡献社会和助人为乐

当有人问你为了什么而工作的时候，如果你回答贡献社会和助人为乐的话，恐怕没人会相信。或许，别人会觉得你是个伪善者，满嘴胡话。

那么，如果别人知道你确实是这样想的，你会得到他人的尊敬吗？恐怕也不会。很多人表面上会称赞你一番，背地里他们也许就要笑话你了。贡献社会和助人为乐，在人们看来是不太实际的，这种东西只会在小说里出现。

可是，我就敢说，我工作是为了贡献社会和助人为乐。

因为，销售的本质就是贡献社会和助人为乐。

或许大家觉得这种话有点冠冕堂皇，但实际绝不是这样。我认为，我的挣钱活动是与社会贡献挂钩的。

我经常听到一些年轻的销售人员说："只要能挣到自己该挣的钱就行了。"这种程度或许的确可以让人满足，可我对此有一个疑问：如果只是为了挣钱，他们为什么一定要做销售呢？能够满足自己生活需求的工作，应该不是只有销售这一种工作吧。

另外，这种言论可以证明，他们没有理解销售的本质。我希望各位销售能够知道，销售的本质是贡献社会和助人为乐。

销售是经济的核心。通过卖东西来挣钱，就是我们社会的经济活动。经济活动活跃了，社会全体就能得到利益，每个人的生活就会变得丰富。

其实，我们现在所享受到的平和且充实的生活，就得益于经济的增长。销售要为了实现社会目标，在经济活动的最前线做出自己的贡献。销售可以使交易过程更加顺利，并使经济规模扩大，从而保障人们的充实生活。

从这一点来说，销售的本质就包括贡献社会。另外，通过税收和社会福利，对财富进行再分配，并帮助弱者和困难的人，这样的作用，也可以表现出销售的另一个本质——助人为乐。

而且，仔细考虑这一点，我们就会知道，为了帮助他人，销售也必须要让自己挣到钱。商业交易活跃起来之后，税收会增加，社会保障制度就会变得更加健全。此外，销售挣到了钱，公司也会获得收益，由此公司便有能力雇佣新员工。岗位增加则社会安定，进而有助于应对少子化问题。

因此，对于我来说，"只要能挣到自己该挣的钱就行了"的想法，本身并没有什么错，只是，这种想法等同于"只要自己过得好就行"，这是一种利己主义。我们要纵观世界，找到销售工作的正确定位，让这样的责任促进经济活动活跃化。这样一来，不仅能够挣到应挣的钱，还会让自己得到全面的肯定。

为了优越的生活而工作挣钱，这是一种只考虑到自己的思考方式。这种思想，其实并不高端。

"销售什么的，怎么都行"，有这种想法的销售人员，肯定不会考虑到他人的幸福。对于这种等同于拜金主义的庸俗思想，大家怎么看呢？

销售卖不出去商品，公司早晚会崩溃，经济也会因此停滞。卖东西不仅仅是销售的个人责任，也是社会责任，甚至可以说是使命。所以我希望销售们能够拥有这样的认识。

> **持续销售是销售人员必须履行的使命。**

要不断追求取得更大的成果

　　与其他工作相比，销售更容易确认短期成果。如果我们把需要反复用心实验、花费较多时间将自己的设想与实验成果联系起来的开发研究工作看作农耕型事业的话，那么销售就是一种捞捕型事业，销售人员就好比渔民，一次就可能捕捞到价值数百万日元的金枪鱼。

　　这种工作，其成果的获得比较不稳定。有时候，一个大单就可以让你完成一个月的目标，而有的时候，你需要积累无数的小单才能勉强达成目标。有些销售在前者那种情况下，第二天就有可能过于放松，失去干劲。我经常告诫一些年轻的销售："无论取得什么样的成果，24小时之内必须开始新的行动。"

人是一种很容易懈怠的脆弱生物。举个极端一点的例子，人们有时候会在一天之内就把一个月的工作做完，而在此之后，很多人就开始每天放纵，无心工作了。

但是，就像《龟兔赛跑》这则寓言故事里描述的那样，因为取得了较大的成果而懈怠的话，自己早晚会吃亏。就算是一个人有自信，认为能够得到很多大单，但日后总有一天会失败。这不是一种道德上的劝诫，因为指望大单的工作方式，在现实中是很难实现的。

当成果出现时，我们都能理解当事人兴奋的心情。这个时候，喊上几个伙伴一起庆祝庆祝，让大家都开心，其实也挺不错的。只是，我们要在24小时之内调整自己的心态，决不能因此停止努力。

不管是好事还是坏事，我们受其影响的时间都不能超过24小时。一天过后，我们就要调整心态，"第一天取得了成果，第二天就要设法取得更大的成果"，以一个全新的目标迎接全新的一天。

另外，我还要告诉大家，切勿因为一些小成就而自我满足。

前面说过，销售的本质，就是贡献社会和助人为乐。销售应该追求良好的业绩，但是，如果我们在完成公司分配的任务之后就开始自满，停滞不前，我们就不会有贡献社会和助人为乐的意识，销售也会永远停留在那个水平上。

从这个角度来说，销售们追求的，应该是今天比昨天好，明天比今天好。无论是好事还是坏事，一旦被它们所束缚，我们就无法成长。

24小时之内，我们要把所有的好事坏事都忘掉。销售要做的不是沉醉于往日的成就，而是永不放慢自己的速度，尽快地去追求下一个成就。但是，无论好事还是坏事，我们需要花一些时间对其中的原因去查明并验证。

> 无论成功或失败，我们受其影响的时间都不能超过24小时。

目标达成与目标未达成都会成为习惯

曾经有一个以销售为对象的调查，内容是关于目标达成与未达成的习惯化。

假设有两个人，A在工作的第一年里，有6个月完成了月度目标，剩下的6个月则没有完成；B在工作的第一年里，12个月的月度目标全都完成。自那以后，A没有完成目标的月份越来越多，而B则持续完成。

公司给销售设定的目标难度，会随着经验的增加而逐渐加大。每一年的任务都会比前一年的难，所以，如果销售的成长幅度大于目标难度的增加幅度，则目标达成月的数量就会增加；反之，如果成长幅度低于目标难度的增加幅度，则目标未达成月的数量就会增加。

　　像A一样，有些月份没有达成目标的销售，其成长幅度就不及难度的增加幅度；而对于连续完成月度目标的B，即便每年的任务难度都会增加，但其自身的成长幅度已经超过了其目标的难度增加幅度。

　　这样一来，A会在某种程度上把这种目标未达成的状态常态化，也就是所谓的习惯化。而同理，B则会把达成目标习惯化。虽然并没有准确的数据来佐证这个结论，但是对于这一点，我还是很认同的。

　　我见过很多销售，有些人在经验尚浅的时候就可以完成一些目标，那么5年甚至10年之后，他们就有一种持续达成目标的倾向。而在最开始目标完成月和目标未完成月同时存在的销售，5年甚至10年后，几乎没有人能够在一年内完全排除目标未达成月。

　　正如这份调查所显示的那样，目标达成与目标未达成都会成为习惯。这就意味着，某个人无法完成目标，也可能成为一种持续的状态。

即便有一个月没有完成目标，也没有哪个公司会以此为理由开除员工。虽然与那些持续完成目标的人相比，其他销售的晋升肯定比较晚，收入也有差距，但因此无法获得成功并不是一个大问题，生活也不至于陷入困难。只是，当我们认为"这样也没关系"的时候，就已经把目标未达成习惯化了。

而那些把达成目标习惯化的销售，不仅能感受到准确把握自身成长和业绩的喜悦，还可以得到丰厚的待遇，由此还能加快自己的成长，坚定自己的意志。而且，他们还会对目标未达成产生一些恐惧感。当他们意识到距离达成目标还尚早，就会为了完成任务而拼命努力。

就像这样，成功的经验一点一点地积累起来，销售就会获得极大的进步。

现在，对于目标达成与目标未达成，哪一个该习惯化，大家应该都明白了吧。如果你有目标未达成的经历，就要认识到，这是一种非正常状态。

要想把目标达成习惯化，首先要把最初的目标完成，并将这种状态持续下去，除此以外别无他法。无论是新人，还是老手，都要从现在开始。

> **我们要认识到，目标未达成是一种非正常状态。**

掌控自己的人可以掌控世界

　　我对某个目标能不能实现并非一直关心，我在意的是，我是否把自己放在了一个可控的范围内。这或许就是一个经营者应有的自觉吧。我很清楚，连自己都控制不了的人，无法掌管一个拥有300名员工的公司。这种紧张感，可能会决定一个人是否是一个自律的人。

　　另外，我之所以会有这种意识，就是因为我基于以往的经验了解到，没有自己控制不了的事。美国精神学家威廉·格拉瑟提倡过选择理论心理学。其实，我就经常实践这一套理论，而且我认为，这些理论非常适合销售。

　　我们暂时不讨论我们是否自觉，在很多情况下，我们都会面临选择。

比如，早上爱吃面包的人在吃早饭时，既不会选择乌冬面，也不会选择荞麦面，而会吃面包。当然，也有些人是因为妻子只会给他做面包，不做别的，所以他们没有选择。但是，如果不想吃面包的话，也可以选择不吃。然而，有些人觉得，这样做对辛苦做早饭的妻子显然很不好，因此最后还是选择了吃面包。不管什么理由，吃面包这种行为都是自己选择的。

这样一来，我们就可以说，所有的行为，都是自己选出来的。在销售的工作中，也是如此。没有成果，是因为人们选择了一种不会让自己得到成果的做法。所以，如果选择上没有错误，自己是一定会有所成就的。这就是为什么我说没有自己控制不了的事。

假如，自己没有什么成果，原因肯定是自己在选择上出现了一些差错，这时我们就有必要改变思考模式，考虑一下怎么才是对的。那么，我们怎样才能做出正确的选择呢？

我在做出选择之前，都会结合自身实际情况进行考虑。标准包括下七条：

1. 支援周围人

2. 信赖周围人

3. 充满勇气

4. 经常心怀敬意

5. 倾听周围人的话

6. 有分歧时要彻底交涉

7. 拥有一颗接受的心

我们的很多行动都是无意识的。也就是说，这些都是基于我们的思考模式。在选择时，连我们自己都没有留意。因而，我们要具有尽可能控制自身行动的意识，并且认真思考，自己能否做出正确的判断。

在不习惯这种思维的时候，自己会产生很多疑惑，但只要具备了选择的意识，我们的行动就会改变，进而就会意识到,没有自己控制不了的事。行动改变了,结果自然就会改变。

我们要把所有无意识的行动意识化,将自己置于一个可控的范围内。想要实现这一点,我们就要对每件事进行思考,并以此来形成我们的选择和行动,然后还要让这个过程成为我们的习惯。

能够控制团队和公司的人,肯定也是能够控制自己的人。我希望,大家能有一个控制自己→控制团队→控制公司→控制业界→控制经济的提高过程,最后获得成功。

> **没有自己控制不了的事,每件事都是自己选择的。**

初始力和持续力

任何事情都应有始有终。

而在开始和结束之间，存在着很多的过程和很长的时间。这里，我想告诉大家，销售能否被客户选中，与其个人的初始力，做每件事持久与否，以及持续的时间长度是有关系的。

人们在做销售工作时，绝大多数人都想要在业界取得成就，争取成功。也就是说，任何一个销售，在开始工作时，都会发誓自己一定要成功。

不过，我在接触了这么多销售之后发现，那些没被客户选中的人，基本上都没能将自己起初设定的事情持续做下去。而且，这些销售尝试新事物的能力普遍比较低。

被选中的销售，无论面对什么样的事情，都会具有初始力和持续力，并将此事持续努力做下去，与此同时，他们也会因此获得客户的信任，从而构建良好的关系。

销售必须持续获得成果，要想实现这一点，就必须不断赢得客户信赖。而且，得到成果也能增加客户选择自己的可能性。

有些销售，对于某件事，总会找很多这样那样的借口，犹豫不决，始终不愿意开始去做。这样的销售是怎么进行工作的，我实在是想象不出来。

还有些人，虽然可以下定决心开始，但总是不能坚持。

确实，就算是下定了决心，你也不一定能发现某件事的意义，因而有时我们是有必要放弃的。但是，销售人员要想取得成功，就必须把自己决定的事情坚持做下去，直到取得成果，这个过程可以体现你的持续力和突破力，客户也会因此对你产生信赖。

那么，初始力和持续力，到底应该怎么培养呢？

很多人说，我们应该先从一些简单的东西开始，不过我建议大家，可以选择一些有点难度的事情。这也是我的原则之一。就像肌肉训练一样，轻松的有氧训练是无法增加肌肉的。无论是心智还是头脑，我们要让每天的行动给予自己一定的负荷才行。

这个时候，我们就要从两个要点出发，来决定我们应该做什么。

第一个要点是"for me"。为了自己的成长，我们应该做些什么事情？这些事情，是日常生活中的，还是工作当中的？这件事需要持续多长时间？做完之后自己会有什么收获？明确这些问题，我们就可以有自己的目标，这是非常重要的。而为了实现这个目标，无论是普通人，还是销售，都要做出正确的选择，来让自己获得他人的信任。

另一个要点就是"for you"。我们要针对周围的人和自己的客户，思考一下，自己做这些能给他们带去什么帮助，并以此为基准，来选择自己应该开始的事情。

为了帮助客户，我们要学习；为了完善人格，我们要有修养；为了吸收或养成多样的价值观，我们要确保拥有足够的时间。这些不仅是为了自己，也是我们为了客户而必须去做的事。所以，无论何时何地，我们都要思考，如何才能切实地帮助客户，以此来设定具体的方法，并着手实践。

以上述两个要点为中心来做出决定，我们就可以在自己规定的期限内将自己的决定坚持实践下去。利用持续力所获得的客户信任，会给销售人员带来超凡的力量。

所谓的持续力，说实在的，这并不属于技巧，而是一种意志上的东西。作为人的心志之一，它决定了一个人能否通过自己的意志力来坚持到底。做一件事，到底是放弃，还是继续坚持，做出选择的永远是自己。

销售的初始力和持续力，客户都看在眼里。

销售到底是专才，还是通才？

销售工作也是需要专业知识的。

各个行业和领域都有销售，但是所提供的商品和服务越复杂，其对销售人员的经验和知识方面的要求就越高。否则，不仅客户不会对你感到满意，你也无法赢得与其他公司的竞争。

所以，在很多情况下，销售都是某个领域的专家，他们对自己所负责的商品和服务，以及其周边的事物，都有着很深的了解。我们也经常看到，某些客户因为销售知识丰富，而与其签约的事例。

不过，仅靠这种具有深度的专业性，我们还是无法真正赢得客户的信任，很多我认识的销售都遇到了这种情况。

为了成为被选中的销售，我们的知识既要有深度，又要有广度。也就是说，我们的目标，是同时成为专才和通才。

某个销售随着工作年限的增加，其获得的专业知识也会不断增多，因而，销售成为专才或许是必然的。由此，如果与之相乘的通才指数越高，则被客户选中的概率就越大。

有很多同行曾经跟我说过，某个销售因为懂得多，所以他签约成功的概率很高。这里所说的"懂得多"，其实就是通才指数。

那么，为了同时成为专才和通才，我们需要做出怎样的努力呢？

对于专才，我们只需要通过每天的工作，一直积累相关的知识就可以了。

只要我们努力学习商品、行业，以及周边的知识，这些东西就会留在我们的脑子里。当然，他人的经验之谈也很重要。不管怎样，我们要把看到的东西都记住，并且能够用自己的语言表述出来，使之成为自己的东西。

自己在拥有不断输入的意识之后，稍加努力，成为日本某领域一流的专家，绝不是不可能的。

可是，仅靠这个就能取得成功的话，似乎有点太容易了。为了让客户信任你，在将专才指数最大化之后，我们还要使其与通才指数相乘。

销售需要出售商品、推销服务，因而我们必然要具备与其相关的专业知识。

可是，像说明书那样把知识传达给客户，谁都能做到。如果有一天，AI发展到了这个水平，那我们肯定会被淘汰。商品说明一旦AI化，一台机器就能提供客户所需要的最新知识。这样的时代到来的话，我们要想再被客户选中，成为客户的合作人，就必须要具备一些通才的素质。

我心目中的通才，除了之前提到的懂得多的销售，还包括解决问题能力强的销售。具体一点说，当客户和某个人交流的时候，那个人能够比其他任何人更加准确地解决问题，利用自己的关系网完成任务。

想要懂得多，提高自己的解决问题的能力，我们不仅要进行学习，还要拓展自己的人脉，从不同的人那里收集及时且新鲜的真实信息。这肯定需要很长的时间。在得到新的信息之后，我们也要追求其深度。

就像这样，专才的部分，利用我们的"头脑"来实现，而通才的部分，就要用到我们的"手脚"了。

成为专才，我们可以在任何时候对已有的经验和专业知识进行输出；成为通才，我们则可以输出一些自行学习的知识。能做到这些，客户一定会选中你。

> 同时具有深度和广度，成为专才和通才，客户才会信任你。

要拥有自己的关系网

不仅是销售，任何从事商业工作的人，都会着力组建自己的关系网（人脉）。但很多人也因为此事而发愁。销售可能会认为，只要有了人脉，销售活动就会变得顺利，目标也容易达成。

拥有良好的人脉，客户会给你介绍更多的客户，这是事实，因而这的确是销售活动的一个重要课题。销售活动对于销售人员来说，也是一种营销活动。所以销售们一定要具有这方面的意识。

那么，这方面我们该怎么做呢？下面我就来说一下。

首先要说一下打高尔夫球。读这本书的人可能会有很多是缺乏经验的年轻人，但是我要说的是关于人脉的本质，所以还请大家耐心地看下去。

我们平时要基于一些条件适时地去参与一下这件事。我通常会与经营者、业务合作伙伴、可以通过相处来帮助自己成长的公司高管或员工，以及同一行业中其他公司的前辈等一起交流。遇到能分享自己观点的人，我会把自己的时间花在和他们一起打高尔夫球上。

当然，对于我个人来说，朋友越多自然越好，但是针对那些在工作上打交道的人，我们是需要花费自己的工作时间的。这时我们就需要探究一下，自己能给他们带去什么帮助。

打高尔夫球这样的活动，算上吃饭和洗澡的时间，一般至少需要7个小时。那些忙于业务的客户和销售，花7个小时打高尔夫球显然是在浪费双方的时间。这样一来，这种行为就有点愚蠢了。

我们都知道，高尔夫球这种运动，相比于其他项目，更能帮助我们了解对方的性格和思考方式，也更有助于我们向客户提供信息。自己也同样会从客户那里得到一些有用的东西，因而这种活动可以拉近人们之间的关系。

所以，我们要去了解自己的客户，并且要去认真分析，今后我们该怎么和他相处，怎么改善双方的关系，以及这些问题与我们现有的关系网存在怎样的联系。在这个过程中，我们的伙伴会自然增加，因而这是一项很有意思的体育项目。

打高尔夫球并不意味着只要一起打就会谈成这一单，也不意味着我们这是在纠缠客户，让客户感到厌烦，而是为了自己的关系网，给自己一个更加理解和了解客户需求的机会。所以，这样的时间，我们要好好利用。

说到关系网，聚餐的重要性自是不必多言。

聚餐也是一个我们通过对方的言行举止，感受其个人本质的重要机会。和打高尔夫球一样，是否参加聚餐，也有一定的规则。首先，吃饭的时间要控制在3个小时以内，超出这个限度就是在浪费时间，以至于到最后，我们可能根本不记得交流的内容。

在需要喝酒的宴席上，有些人酒量好，有些人酒量差，要是不尽早进行该有的交流，这种聚餐就没有意义了。

因此，我们一定要事先设定好时间，想好跟对方说什么样的话，在什么时间点以什么方式表达，以此来尽可能地让对方感觉到这段时间是有用的。

聚餐不像打高尔夫球一样时间长，如果这段时间无法变得有效，那么我们就不会有下一次见面的机会了，而且，这期间双方都不会得到什么好处。

同时，选择聚餐活动的对象也是有条件的，具体内容与打高尔夫球的条件基本一致。

我之前说过很多次，销售需要得到成果。而为了得到成果，我们就不能浪费时间。

因而我们要意识到，打高尔夫球也好，聚餐也罢，哪怕是娱乐活动，也一定要让它们在有限的时间里完善我们的关系网。

　　大家要记住，在同样的一段时间内，优秀的销售可以做到改善自己的关系网。

　　构建关系网时，我们要思考怎样才能对对方有所帮助。

培养平衡的感觉的三个关键词

客户对销售的信赖，到底是一种什么样的东西呢？

所谓的信赖，依照字面意思来理解，就是既能信任，又能依赖。那么，我们会信任什么样的人，又会依赖什么样的人呢？在我看来，当我表达正确见解的时候，对方就会感到这个人值得信赖。

"听这个人的，一般都不会有错。"

世界上没有比这更高程度的信赖了。那么，正确的见解又是什么？在我看来，它就是一种平衡的感觉。这种平衡的感觉，是获取客户信任不可或缺的事物。

培养平衡的感觉，有以下三个关键词：

· 客观性

· 中立性

· 同理心

客观性就是要求我们从主观的认识中解放出来。人是一种主观的生物，完全客观的认识是不存在的，但是我们要尽可能地保持一种客观的态度。

在处理损害保险业务的时候，在很多情形下我们都会被要求表现出客观性。

比如说，当发生交通事故时，当事双方就要进行责任判定。可是，很少有哪个事故一下子就能让人看出责任的主次，因而当事人只能依靠主观来判断。责任判定肯定不是销售人员的工作，但我们在工作中必须要拥有客观性。

要维持客观性，首先要收集一些没有偏差的信息。我们在做出判断时要纵观整个事件，其中最重要的就是排除感情因素。一旦被自己的好恶所影响，我们就无法保持客观了。

中立性是指，我们在一些特殊情境下绝不偏袒任何一方。也就是说，当事的任何一方都不是你的同伴。与客观性类似，在中立性当中，感情也是敌人。另外，我们还要注意，我们不能被自己的利益所限制。如果我们不能从判断自身利益得失的过程中独立出来，我们就不能保证自己的中立性。

同理心与客观性、中立性的方向不太相同。没有同理心的判断都是机械性的，因而我们可以说，同理心对于平衡的感觉是最重要的。

同理心也可以理解为与客户融为一体，这一项乍一看可能与维持客观性和中立性的要求互相矛盾，但同理心并不意味着我们要帮助某一方，或成为某一方利益的代言人。"为了谁而保持我们的平衡的感觉"，这才是主要问题。对于销售人员来说，与自己相处的人基本都是客户，因而，为了和客户融为一体，我们要培养自己平衡的感觉。

对于那些优秀的销售，平衡的感觉也不是要求他们一定要做出冷静的判断。当然，我们需要一种冷静的、不受情感影响的判断力，但是我们所有言行的出发点，都是要与客户共同感到愉悦。这种同理心，我们一定要传达给客户，进而与他们融为一体。客户对销售人员的信任，不仅来源于正确判断的表达，还来源于他们对自己"销售的意识"的理解。

缓和与客户之间的紧张感，拉近双方的距离，最需要的就是同理心。客观性和中立性只需要我们依靠自己的力量来坚持社会道德和行为规范，而同理心需要我们磨炼洞察力和倾听力。

具有同理心、客观性和中立性的言行会赢得客户的信赖。

"我不喜欢销售这份工作，现在已经打算辞职了。"

"我不适合干销售。"

有这种烦恼和抱怨的销售，我已经见过很多了。

但是……

我已经说过多次，没有哪个人天生不适合做销售。

一般来说，销售这样的工作，只要努力，肯定就会有成绩。此前我已经证明过了，今后也打算一直证明下去。

职业运动员、大学教授、医生、律师、会计师等，这些职业在很大程度上会受到体能、智力等先天因素的影响，一般的人就算是努力，也不一定能做得了这些工作。

可是，销售这种工作在一开始的时候，人人都是平等的。或许我们需要做出很多努力，然而，只要能够做到努力，无论学历有多低，无论是否擅长交流，无论有无专业知识，每个人都有可能成为业界顶尖。

最后，我想介绍一些关于我个人的事。

我出生于北海道的札幌市，父亲是公司职员，母亲是家庭主妇，一直到上小学，父母都很爱护我。

我上中学的时候，父亲辞去了工作，开了一家中国餐馆。之后，他又开了一家便利店。我的家人陆续加入他的事业，而我也开始了自己的打工经历，先是在中国餐馆送外卖，然后又在便利店里当店员。

父亲开便利店的那一年，我上高一，那个时候我每天在店里的后院或是收银台内学习。父亲的思想和昭和时代的人们一样，认为我上大学应该花自己的钱，而我也为此做着准备。无论是经营者，还是销售人员，只要努力就有收获这样的想法，或许就是在我打工期间受我父亲影响而产生的。

　　之后，我考上了大学，参加了一个活动计划小组（一个由来自不同大学的学生组成的小组），每天策划各种类型的活动，对学习不怎么上心。

　　我虽然后来退学了，但在这段时间还是学到了很重要的东西：人如果不认真，什么事也干不成。

　　有的团体为了挣学生的钱，会马马虎虎地组织一些活动，还有的团体则确实是在认真地策划活动。当然，类似前者的团体很快就消失了。这样的现实，我都看在眼里。马马虎虎的团体里都是一些马马虎虎的人，而心系客户，认真帮助客户的团体，则包含很多优秀的人，这就是学校生活教给我的东西。

　　就在这个时候，我遇到了贵人。他是一个有着30年从业经验的人生前辈，我一直很尊敬他。他和我同在一个团体，做的也是活动策划，他直到今天还在做这份工作，不同的是他现在已经成了经营者，每天开发新客户，不断取得成功。

　　初次见到他的时候，我并不认为他是一个会做销售的人。但我一直觉得，他的个人魅力，随年龄而提升的自我管理能力，以及对客户和工作的思考，自然地使这位前辈成了销售。"人就应该做自己应该做的事"，他始终坚信这一点，并获得了成功，而这就是我要学习的榜样。

我也想成为这样的人。在成为经营者或销售人员之前，我必须坚持认认真真生活，并以此为基础，让自己每天的工作变得充实。

坚持做自己应该做的事，坚持提升自我管理能力。

在进入保险行业后，我见过不少销售精英，虽然他们个性鲜明，但无一例外地都会非常认真地对待这两点。

通过这本书，我有很多想要传达给大家的事情。

我在撰写本书的时候，最强烈的感受就是，阅读本书的人，可以通过销售工作获得人生所必要的能力，并成为一个认真生活的人。然后，就像我之前说的那样，销售这种工作，每个人都有成功的机会。

能够读到这里的人，一定要把销售当作锻炼自己必要能力的训练场，并加以实践，以此来获得别人所缺乏的能力。这就是一位销售获得成功的捷径。

我们改变不了他人和过去，但可以改变自己和未来。

一户敏

致谢

　　本书的制作，得到了多方的协助和支援。在此我由衷地向提供帮助的人表示感谢。

　　我在保险行业工作24年，除了公司的前辈们，同行业其他公司的前辈们也传授过我很多经验和知识。正是因为他们的帮助，我才得以写出这本书。

　　另外，一个与我同龄的经营伙伴对我来说也是很重要的人。我从他那里获得了高质量的输入，从而有助于我对客户进行高质量的输出。要是没有这个朋友，我可能一直很幼稚，无论是作为经营者，还是作为销售，我都无法提升自己的自我管理能力。他是一个良好的伙伴，为我付出了时间和精力，教会了我良好的交流方式。对他，我只有感谢。

还有，也向我的代理公司的员工表示特别的感谢。

在这一生中，我不知道自己能写几本书，也不知道能向世人传达什么样的信息。但是，只要有机会，我就愿意告诉人们销售这份工作的乐趣所在。

快乐大家共享，困难自己承担，这是我父亲经常对我说的话。我认为，我就是这样一个销售，这样一个经营者，这样一个人。

对于能读到这里的读者，我也很感谢你们的支持。

最后的最后……

我想跟那些对销售感到迷茫，想辞职的人说一些话。

销售确实很辛苦，可工作的过程中也是有乐趣的。我们不要以为，继续干下去是地狱，辞职了就是天堂。这样的工作，只有坚持干下去才会到达天堂，一旦辞职，你就没有这个机会了。

做自己应该做的事，坚持提升自我管理能力，作为一个普通人认真地生活——各位销售人员，一定要以这三条为原则，度过自己的每一天。

附　录

日常行动检查表

应遵守的	
做出约定的时候，为了不出错误，自己一定要复述一遍，设定期限并与对方进行确认	☐
为了不忘记约定的对象、内容、期限，我们可以反复记忆，或者在笔记本上做记录	☐
对每一个约定项都要进行确认，并回顾自己是否遵守了约定的期限	☐
为了避免因时间不够而慌忙处理任务，行动前要给自己留出充足的时间	☐
如果有无法实现的约定，一定要尽早跟客户说明，并制定一个最佳的对策	☐
学习应该遵守的法律、社会规则	☐
出现新事项或规则发生变更的时候，一定要事先学习并确认相关的法律和社会规则等	☐
要注意，我们要时常提示一下我们和我们的团队应该遵守的法律条款和规则，让工作伙伴们共同留意	☐
打擦边球（钻法律和规则的空子），自我放松（懈怠），找借口（这次因为×××，所以我也没办法）等行为一定不要考虑	☐
即便周围的人都违反了规定，自己也不要跟他们一起违反	☐

认真对待	
无论对方是谁，都要以"我以外皆为我师"的心态去相处，并认真倾听他的话	☐
在对方开始讲话之前，我们不要轻易地以为"他是一个有×××思想的人"，一定要认真听他把话说完	☐
别人跟你提的意见就是你的财富，你要感谢提意见的人	☐
别人在说话时，不要敷衍，也不要拒绝，要认真听到最后	☐
即便是不同意对方的意见，也要把对方的话听完，然后思考自己要表达的意见	☐
不要只看自己的规则，一定要结合社会和组织的规则来回顾自己的行动，思考到底哪里做得不对	☐
思考错误产生的原因	☐
不要找借口（因为×××，所以没能完成）或者把责任推给他人（×××没有完成），要自我反省	☐
当被人指出错误时，要认识到自己的错误，并感谢指出错误的人	☐
当认识到自己的错误时，要大胆地自我爆料，并告知受影响的人，自己已经反省过自己的行为	☐

怀有热情	
每一项工作都要认真对待，向周围人展示自己对这份工作的热爱	☐
增加自己的兴趣和信息量，给自己制造热情	☐
思考自己的工作动力源（梦想、经营理念、成就感、贡献、成长、对新事物的挑战）	☐
思考自己工作的意义，思考什么事物会带来好的影响，以帮助自己快乐地工作	☐
思考如何才能向他人表达自己的经营理念（为客户创造价值的最佳方式）	☐
明确自己的梦想，并在日常生活中回想，自己的行动是否有利于实现梦想	☐
碰壁的时候，一定要保持最初的意志，不要放弃，把困难一个一个地解决，直到成功	☐
自己对梦想的想法，对工作的欲望，以及自身的成功体验，等等，要与家人和伙伴们分享，互相给予刺激，增加热情	☐
每一个小业务，都能让人有成就感	☐
为了保持工作动力，平时要调整自己的身心，使其维持一个好的状态	☐

敢于挑战	
为了拥有超前的思想，我们要想象一下成长之后的自己	☐
思考一下依靠自己来做成某件事的方法	☐
认识到自己为什么会认为某件事办不到（能力不足、不擅长、过去的失败经历等），然后把这些困难一个一个地克服	☐
当遇到自己一个人无法完成的事情时，不要放弃，设法利用身边资源（他人的协助和其他物力）	☐
即便失败，也要承认自己的努力，并保持勇于尝试的精神	☐
学习、读书、参加交流会和研讨会等，增加得到新消息的渠道和获得新体验的机会	☐
可以考虑设定一些稍高于自己能力的目标	☐
设定自己的目标状态，每天确认一下，自己可能会达到怎样的程度	☐
对于身边的事件和新闻，我们要保持好奇心，想知道原因的时候，立刻去调查	☐
从日常的消息和新闻中，找出一些与自己的目标相关的东西	☐

保持积极	
面带微笑，大声打招呼	☐
对着镜子练习微笑	☐
在自己面前摆一个镜子，或带一个镜子，或询问身边人自己是否以笑待人，以此来检查自己的微笑	☐
消极的话（可能引起周围人不快的话）不要说	☐
设定每天的目标，通过实现它们来积累自身的成功体验	☐
为了使自己受到良好的影响，我们要主动与一些积极的人交流	☐
当通过某种方式成功时，我们可以考虑一些其他的成功之策	☐
无论是长处还是短处，一定要传达给本人	☐
回顾某一天的时候，也一定要回顾所见之人的长处	☐
被对方说了不好听的话也不要往心里去	☐

勇于改革	
发现问题时，不要装作看不见，要把解决问题的措施作为自己的课题	☐
不要只发现问题，还要以长期的视野（经营理念的实现、团队长期的目标等）发现课题	☐
不要满足于现状，发现课题，对现在的事情再多下一些功夫	☐
用明确的语言表达出自己对改良或改革的想法与计划	☐
发现课题之后，要思考解决问题的方法和可利用的资源（他人的协助和其他物力），并向周围的人提出自己的意见	☐
打招呼或聊天时，不要等别人先开口，自己要主动	☐
为了能够积极地发言，我们要事先做一些调查	☐
思考行动步骤和计划，从现在就可以开始的事情上着手	☐
即便自己的某个想法比较罕见，我们也要把这个想法形成的经过和原因完整地表达给对方	☐
当自己的意见没有被别人接受时，要询问对方理由，并思考自身的原因	☐

团队协作的要点	
为了把握同伴的状况（梦想、目标、烦恼、健康状态、心情等），在打招呼或聚餐的时候，要多与他们交流	☐
同伴遇到困难时，我们要问一句"我能帮什么忙吗"，争取共同解决	☐
和团队或同伴一起庆祝成功，共享快乐	☐
要具有关心团队课题、目标、进步状况的意识，并思考自己需要做的事情	☐
想好了自己要做的事情之后，要告诉同伴，把自己的目标共享给团队或同伴	☐
当自己不知道要做什么的时候，要与团队的领导谈一谈	☐
别人都想要避开的任务，自己可以考虑尝试一下，并思考除了应做的事情之外，还能做些什么	☐
为了提高同伴的工作动力，我们要时常与同伴交流，和他们一起讨论关于实现目标的事	☐
如果一些行动有助于团队的进步，那我们一定要说出来	☐
在进行某些行动时，要考虑一下这个行动是否能有效帮助同伴取得成果	☐

以他人为中心	
为了理解对方的立场，我们要观察他们的状况（梦想、目标、烦恼、身体状态、心情等），并要多与他们交流	☐
与人交流时，要注意对方能否交流，以及时间是否合适	☐
当与人交流时，在思考对方想要实现的想法时，认真倾听对方的话语，告诉对方你所理解的情况，并在确认其正确性之后，思考解决方案	☐
总结并从多角度考虑自己的想法，诸如"对方会怎么看""是否会涉及全体人员"等，将思考后的结果告诉对方	☐
定期交流，以了解对方感兴趣的内容	☐
公开自己的感受，使其他人感觉到与你交谈很容易	☐
根据对方讲述的内容（开心、悲伤等），给出相对应的表情，或做出点头示意等行为，以使对方感到安心	☐
自己的发言占比要控制在 30% 以下	☐
不要打断别人的话，一定要认真听完	☐
对于一些抽象的表达要具体询问，以便发掘和正确理解对方的潜在思想和观念	☐

负起责任	
为了避免不负责任的发言，我们一定不要想到什么就说什么，一定要提前在脑海中整理自己要说的话	☐
为了不出现错误，我们要多下功夫，比如反复检查等	☐
为了不忘记自己所说的内容（建议、任务、要求等），我们可以写笔记，以此来进行检查，并有意识地完成它	☐
当你无法履行职责时，不要责怪环境或他人，而要回顾为什么自己无法履行职责	☐
从目标开始进行逆向计算，以此来制订计划	☐
制订实现目标的计划，始终检查进度，并保证完成计划和实现进度目标	☐
目标的具体内容和计划，要传达给上司和伙伴，与他们共享	☐
为了常备目标意识，我们可以在一些醒目的地方（报纸、手机、桌子上等）写下来	☐
在规定期限内检查自己是否已经完成了目标	☐
无论是否实现了目标，自己一定要回顾这个过程，验证好的地方和需要反省的地方，然后基于它们来设定下一个目标	☐

心怀感激	
回顾自己得到的照顾，例如父母的抚养，上司和老板的指导，朋友和同事的帮助，等等	☐
当对方感到不满意，或非常忙碌的时候，请不要采取一种不好的态度，要以感激之情相待	☐
对于帮助过自己的人，我们要考虑一下，自己要如何去帮助他人，以表达自己的感激之情	☐
当别人帮助你时，即便这是他应该做的，我们也要心怀感激	☐
当心怀感激时，这种感情不要隐藏在心里，一定尽快表达出来	☐
在表达感谢的时候，一定要说出对方的名字	☐
用合适的表达方式（口头、电子邮件、感谢信），以便将感激之情传达给其他人	☐
当你遇到家人和朋友时，或者遇到新年假期的庆祝活动时，我们要记住，这是一个我们表示感谢的好机会	☐